请默不作声地远离我们的歌队；

那些不懂这样的语言，或是心灵不洁净的人；

那些不晓尊贵的缪斯的仪式的人，或是不会舞蹈的人；

我要对这些人一而再，再而三地说：

请远离我们的歌队；但你们，唤起了我们通宵达旦的狂欢；

它们正适合于我们的盛宴。

阿提卡之夜

（11～15卷）

〔古罗马〕奥卢斯·革利乌斯（Aulus Gellius）/ 著
周维明 虞争鸣 吴挺 归伶昌 / 译

中国法制出版社
CHINA LEGAL PUBLISHING HOUSE

目录

作为一个法律文本的《阿提卡之夜》

徐国栋

我最早接触奥卢斯·革利乌斯及其《阿提卡之夜》是在研究《十二表法》的过程中，《阿提卡之夜》是转述《十二表法》条文的二十一部古书之一。根据该书，后人还原了第四表第4条。《阿提卡之夜》Ⅲ.16.12这样记载：我知道，妇人如在丈夫死后第十一个月生孩子……，则（因此）发生案件，可能她是在丈夫死后才怀孕的，因为十人团写道，人只经十个月诞生，而不是十一个月。依据这一文本，第四表第4条被还原为：婴儿自夫死后十个月内出生的，推定为夫的子女。还是根据该书，后人还原了第六表第5条。《阿提卡之夜》Ⅲ.2.12这样记载：我也读到，法学家昆图斯·马克西姆斯经常说，如果女子以结婚为目的于一月初一开始与某男同居，在明年的一月初一前为了解放的目的离开该男四天。事实上，三夜的期间是《十二表法》规定的为了重获自己的独立需要脱离丈夫的期间。依据这一文本，第六表第5条被还原为：如果妇女不愿通过一年的占有被时效取得的方式归顺夫权，她要以每年离家三夜的方式逐年中断时效。

其次，该书还是研究《十二表法》规定的重要材料。它报告了《阿布齐亚法》对《十二表法》的许多规定的取代：但由于时至今日，“无产者”“有产者”“萨那特斯人”“保证人和副保证人”“25阿斯”“同态复仇”“手持一盘，以亚麻布遮羞”的追盗程序，除了在百人团面前审判的程序外，都已被《阿布齐亚法》置于休眠。这些被放在引号内的单词或词组分别代表《十二表法》的如下条文：第一表第4条：“有产者当有产者的保证人，已是市民的无产者，任何愿意的人都可当其保证人。”第一表第5条：“福尔特斯人、萨那特斯人，同样享有债务口约（nexum）权或要式买卖权。”第一表第10条：“保证人、副保证人应担保诉讼当事人于受审时按时出庭。”第八表第4条：“对人施行其他侵辱的，处25阿斯的罚金。”第八表第2条：“毁伤他人肢体而不能达成简约的，应对他同态复仇。”第八表第15b条：“……手持一盘，以亚麻布遮羞……”以上凡6条，涉及远古罗马的民事诉讼法、权利能力法、侵权行为法和盗窃法，对它们的改变非同小可，但《阿布齐亚法》就把它们取代了。但到公元前17年的《阿布齐亚法》时代，《十二表法》规定的百人团刑事诉讼还保留了下来。不难看出，革利乌斯的记述，对于研究罗马的法律变迁史意义重大。

再次，《阿提卡之夜》对《十二表法》的引述被一些学者作为推断今人收集到的《十二表法》片段本来顺序的依据，他们假定革利乌斯的《阿提卡之夜》是按先后顺序引用《十二表法》的。

最后，《阿提卡之夜》的一个记载被作为否定《十二表法》规定的杀害债务人偿债的执行程序的现实性的依据。“确实，没有比这样的规定更残暴的，更不人道的，显然，这样的超级残忍规定如果不是为了立而不用，是不会得到规定的。”

后来，我通过我的波兰朋友扬·扎布洛斯基增进了对《阿提卡之夜》的涉法方面的了解。扎布洛斯基在斯特凡·维辛斯基大学的讲师资格论文就是《家父的权力与人民大会对家庭事务的管辖权：以奥卢斯·革利乌斯的〈阿提卡之夜〉为依据》（1990 年出版于华沙）。尽管英国人 D.T.Oliver 能写出《奥卢斯·革利乌斯著述中的罗马法》叫人感佩革利乌斯的《阿提卡之夜》的法律性，扎布洛斯基的专著更让我感佩《阿提卡之夜》专项提供罗马家庭法研究素材的能力。

那么，《阿提卡之夜》到底为我们提供了哪些罗马家庭法方面的素材？

第一，它详细记载了进行自权人收养的程式。此等收养要在大祭司的领导下召集被称作库里亚会议的民会上进行，该会负责审查收养人的年龄是否大于 60 岁，是否不能再生育，小于 60 岁的人被认为具有生育的可能；是否具有借收养侵吞被收养人财产的用心，因为一旦收养成立，在养父与养子间发生活人间的继承。收养的正当原因还有收养人自己是否有一个或更多的孩子，收养人与被收养人的贫富差距等。最后，收养人要用大祭司昆图斯·穆丘斯·谢沃拉设计的誓言发誓。在场的民众要被询问是否准许实施此等收养，其措辞是这样的："你们愿意并命令路求斯·瓦雷流斯根据法并依据法律成为路求斯·蒂丘斯的儿子，仿佛他早就进入后者家庭并成为其成员，拥有同样的父亲和母亲吗？你们愿意并命令他的新父亲对他享有父亲对儿子的生杀权吗？哦！罗马人！你们的所言就是事情的结果，请你们决定吧！"

第二，它介绍了拉丁姆地区居民的订婚程序。通过援引塞尔维乌斯·苏尔皮基乌斯·鲁福斯的《论嫁资》和内拉蒂的《论婚姻》两部著作，革利乌斯告诉我们：在《关于向拉丁人和盟友授予市民身份的优利亚法》颁布之前，订婚根据习俗进行，具体而言，采用两个誓约的形式：要娶妻的男方，需要从未来妻子的保护人那里获得一个要式口约，内容是将女子交给他为妻，未来的丈夫也要求作出类似的承诺誓约。但如果在订立这些要式口约之后没有交付该女子或没有接受该女子，要式口约的提出人取得"誓约之诉”。承审员要审查拒绝交出女子或接受女子的理由。在无正当理由的情形，判处违约方对争议估计的损害赔偿额，外加将誓约人因拒绝所获得的利益总额判给要式口约的提出人。这些规则也适用于罗马，在那里也采取“誓约”的形式允诺把女子交给男子作为未来的妻子。

第三，它揭示了罗马妇女们承受的一些限制。如果她们喝酒，不仅要丧失民事名誉，而且要被罚款。被当场逮住的奸妇，丈夫可以不经法律程序（审讯）杀死之，并免受惩罚。如果丈夫实施通奸行为，妻子无权动他一指。

第四，它报道了罗马历史上的第一例休妻。其主人公是塞尔维尤斯·卡尔维流斯·鲁加，他是听取了朋友的建议休妻的。

第五，它报道了“宣布与家祭圣事脱离关系”制度。按扎布洛斯基的论述，该制度仅通过革利乌斯的记述为人所知。按这一制度，不配的人不仅被有效地排除在家庭圣事之外，而且在家父死后其继承遗产的权利也被有效地排除。“宣布与家祭圣事脱离关系”是剥夺继承权制度的原型。

第六，它报道了“不分遗产的共同体”制度。扎布洛斯基告诉我们，这一制度也是奥卢斯·革利乌斯首先使后人知晓的。

等等。

由于对《阿提卡之夜》的法律性的认知，利用一次出差意大利的机会，我买了一套拉丁文—意大利文对照的《阿提卡之夜》，经常援引于我的写作中。例如，大长官与小长官的选举程序的区分、 persona 一词与 personare 一词的渊源关系、 religiosus 一词的含义、遗嘱是“意思的证明”（mentis contestatione）的说法、拉丁文 frater 和 soror 的词源学含义、西塞罗佚失的法典编纂著作（De iure civili in arte redigendo《论以体系的方式分开并整理市民法的必要性》）、交给敌人的长官被退回后能否恢复罗马公民身份问题，等等，都是从《阿提卡之夜》获得的，可以说，这套书我买得值，因为利用率很高。

正在为如此良书没有中译本惆怅之际，得到周维明、虞争鸣、吴挺、归伶昌已翻译此书的头几卷并将在中国法制出版社出版的消息，很快得到了已完成部分的译稿并阅读之，感到译文流畅、达意，内容幽默多趣，而且即使在这几卷中，法律内容也颇多，例如，刑事犯定罪的表决问题、助友与护法的关系问题、伪证问题、债的含义问题、罗马国家保护婚姻的态度（“城邦若没有大量的婚姻就不能生存”）、父母剥夺做坏事的儿子的继承权问题、罗马公民身份的价值问题、维斯塔贞女的选拔程序和法律地位问题、委任的授权范围问题、元老院的议事程序问题、休战一词的法律含义问题、私法身份与公法身份的冲突问题、控告的程序问题、记录抹杀刑的适用问题、家父权与国家权力的关系问题，等等，故欣然允诺为之作序。而且感叹此书与中国法制出版社匹配的正当，因为如果说《阿提卡之夜》反映的是一个世界，那么，这个世界的相当部分是法律的，不妨当做一个法律文本来阅读。

奥卢斯·革利乌斯作为一个语法学家为人所知，确实，他往往从语言学的角度分析各个领域的问题，包括法律问题。他在雅典留学时学习的科目是修辞学和哲学，就是在这时他写下了《阿提卡之夜》，尽管他回到罗马后担任法官或仲裁员，这段经历应与此书的法律性无关，因为此时《阿提卡之夜》已完成了。所以，此书的法律性只能从罗马人生活的法律性得到理解。既然他们按法律生活，反映生活的书籍自然多法律内容。《阿提卡之夜》是一本百衲书，作为一个具有法律头脑的人民的精神产物，被它辑录的古书也是法律性的居多。

我国罗马法研究首先经历了外国教科书中国化阶段，该阶段奠定了这个学科的基础，功不可没，但有从第二手资料出发的遗憾。自 1989 年桑德罗·斯奇巴尼教授和江平教授、黄风教授完成中意法律建交后，大量的罗马法律文献被译成中文，一批能直接利用拉丁文的原始文献的学者也成长起来，我国的罗马法研究进入了法律原始文献阶段，这是一个很大的提升。但美中不足的是，法学原始文献和文学原始文献从来都是西方学者研究罗马法的两个支撑，我国学者在利用文学原始文献方面还有所不足，《阿提卡之夜》是典型的文学原始文献，相信其翻译出版对于把我国的罗马法研究推入法律原始文献和文学原始文献并重阶段将起到促进作用。故此书之译之出，善莫大焉！

是为序。

《阿提卡之夜》译者序言

《阿提卡之夜》的作者是奥卢斯·革利乌斯（Aulus Gellius）。遗憾的是，由于资料的佚失，我们对他的生平知之甚少。从现有资料中，我们知道他出生于公元 125 年，是古罗马帝国的文学家和语法学家。他可能出生于罗马的一个非常富裕的家庭中并在那里长大接受成人礼，随后在雅典受教育，然后返回罗马从事司法工作，担任过一段时期的民事裁判员。他在工作时力求认真细致，广泛地阅读希腊文、拉丁文著作，向有关行家求教。革利乌斯卒于公元 180 年，《阿提卡之夜》是其唯一的传世之作。

据作者自述，《阿提卡之夜》是其在阿提卡的漫漫长夜中阅读各种书籍时所做的笔记。其内容则是哲学、历史、文学、美学、法学无所不包；天文地理、三教九流、风土人情、文化娱乐、吃穿住行无所不涉；散文杂记、传说典故、诗词歌赋应有尽有，真可谓地地道道的希腊罗马社会的百科全书。该书的成书时间没有明确的考证，中世纪的一位学者在一份古代抄本中标注此书成书于公元 169 年。革利乌斯在此书中基本不涉及当代事件，也不涉及希腊罗马社会中的很多尖锐矛盾和政治问题，也很少表露自己的政治爱好与倾向。值得法律人和罗马法学者及爱好者注意的是，书中有大量的涉及希腊、罗马法律的篇章，内容涉及法哲学、刑法、民法等学术领域，是非常重要的罗马法和西方法律史参考资料。

《阿提卡之夜》全书共分二十卷四百三十八章，详细的章目附于正文之前，以方便作者能很快地浏览全书概要并从中寻找相应的篇章。这部著作基本完整地保存了下来，其中第八卷只剩目录，第六卷缺开头部分，第二十卷缺开头与结尾部分。

《阿提卡之夜》在西方文学史与希腊罗马历史上占有重要地位。几乎全部的有关西方古典学的重要著作均提及或引用了该书的内容。比如王焕生先生的《古罗马文学史》，约翰·埃德温·桑兹的《西方古典学术史》等等，钱钟书先生在《管锥编》里也大量摘录该书内容。值得一提的是，古往今来的许多法学家也大量引用该书的内容。比如，黑格尔在《法哲学原理》中就引用过《阿提卡之夜》的内容，耶林在《罗马法精神》中则对该书大加援引。现代欧洲许多大名鼎鼎的法学家，如弗卢梅在其《德国民法总论》中、维林在其《德国物权法》中、齐默尔曼在其《民法传统的罗马法基础》中均对其大量引用。鉴于该书在罗马法研究上的重要价值，无论中国与外国的罗马法学者，没有不引用该书的内容的。例如，在第 12 届中东欧国家和亚洲国家罗马法学者研讨会上，波兰著名罗马法学者扎布洛斯基教授就提交了基于《阿提卡之夜》而写就的论文，我国著名的罗马法学者徐国栋教授也在其《李维时代罗马人民的跨民族法体系》一文中引用过该书的内容。

革利乌斯在《阿提卡之夜》中所参阅的古典书籍大部分已经遗失，因此该书成了非常宝贵的材料，是许多相关古代作品的唯一来源。作者曾经从事过司法实务工作，因此在书中也保留了大量与罗马法有关的材料，是罗马法学者取之不尽、用之不竭的知识宝库。译者曾拜读过其中一些讨论罗马法的章节，为其所探讨的问题的深度、广度、引注文献的丰富、讨论问题所持视角的新颖性所震撼。有了可供参考研究的《阿提卡之夜》的译本，就能给国内罗马法学界提供更为丰富的参考文献。

尽管《阿提卡之夜》涉及的题材很多，但是书中的思想倾向是统一的，那就是厚古薄今。革利乌斯知识渊博，但是理解并不算十分深刻；他对所提出的问题仅仅罗列种种资料，少见进一步的研究与探讨；他旁征博引，却很少下最终定论。尽管如此，《阿提卡之夜》还是为我们提供了古代希腊罗马社会的一幅丰富多彩的画卷，是我们研究古代历史、文化、法律的重要参考文献。

《阿提卡之夜》的重要性与学术价值已如前述。但是由于种种原因，该书在中国连引注、介绍都属凤毛麟角，更遑论有全译本了，而且迄今为止似乎也很少有人愿从事这方面的工作。于是我们西方古典语言自学群的几位管理员，不揣冒昧，自告奋勇，承担了全书的翻译工作。由于该书卷帙浩繁，牵涉的知识面极广，加上其使用的是较为晦涩难懂的白银时期的拉丁文，为保证翻译质量，故先译出该书的部分卷册，权作抛砖引玉。在充分吸收各位方家的批评的基础上，再陆续将后续各卷译出，以飨读者。

本书翻译所据的拉丁文原著为：

1. Gellii Noctes Atticae, ed. P. K. Marshall, 2 vols. (Oxford Classical Texts, Oxford, 1968, rev. 2004).（即《牛津古典文献丛刊》版）

2. A. Gellii Noctium Atticarum libri XX, ed. C. Hosius, 2 vols. (Lipsiae in Aedibus B.G. Teubneri,1903).（即《托伊布那希腊罗马文献丛刊》版）

3. The Attic Nights of Aulus Gellius, ed. and trans. John C. Rolfe, 3 vols. (Loeb Classical Library, London,1927).（即《洛布古典文库》版）

上述各版本若有不同之处，择善而从。

此外还参考了上述洛布版的英译文以及下列各种译本或者评注本：

1.Aulu-Gelle, Les Nuits Attiques, ed. Rene´ Marache (vols. i–iii), Yvette Julien (vol. iv), 4 vols. (Paris, Les Belles Lettres , 2002).（即《布袋文库》版）

2.Auli Gellii Noctes Atticae ex Editione Jacobi Gronovii cum Notis et Interpretatione,(Londini,1824).

3. Aulus Gellius, Die attischen Nächte, trans. Fritz Weiss, 2 vols. (Leipzig, 1875).

4. The attic nights of Aulus Gellius translated by W. Beloe. (London,1795).

5. Les nuits attiques d'Aulu-Gelle, traduites en français avec le texte en regard et accompagnées de remarques, par Victor Verger,(chez F.I. Fournier, Libraire, 1820).

翻译过程中，译者考虑到中国读者的阅读方便而增加了许多注释，绝大多数注释是我们自己参考各种资料做的，少量注释参照了洛布版英译文和其他版译文的注释。

读者对我们的译本若有批评建议，可发邮件至 8zwm8@163.com。

翻译历时之久，真可谓是夙夜匪懈，艰苦备尝，中间几度产生知难而退的念头。幸亏有良师的谆谆教导与挚友的热情鼓励，方使我们能够持之以恒，继续从事这卑微劳苦的工作。如果该书能够对中国的古典学和罗马法研究有些微贡献的话，套用一句老话，吾当馨香以祝之矣！

周维明、虞争鸣、吴挺、归伶昌

谨识

序言

（1）能够发现其他更加有趣的作品[1]，以此专供我的孩子们作为消遣之用，以使他们的心灵能在操劳之余享受轻松愉快。（2）我采用了我先前做摘录时所使用的随意的顺序。因为我在手捧希腊文和拉丁文的书籍之际，或是听到什么值得一记的事情之时，我会信手记录下各种各样能让我着迷的东西，就像建立一座文学的宝库那样，以供我回忆之用。这样，在我需要用到某个词或是某个话题而突然想不起来之时，以及我从中做摘录的书不在手头之际，我可以很容易地找到并使用它们。

（3）因此，在笔记中也有跟我之前以简洁明了、信手拈来的方式写下的，作为博闻广读的成果的笔记一样的无规则性。（4）如我所说，我是在阿提卡（Attica）[2]的乡间于漫漫冬夜中开始搜集这些笔记以供消遣的，因此我称它们为“阿提卡之夜”。我并不是想刻意模仿那些精通两种语言的作家们为此种类型的作品而写

1　此句原文不完整，前面有佚失。

2　阿提卡（Attica），希腊中东部古代地区。东面和南面濒临爱琴海，包括萨拉米斯岛；主要城市有雅典、比皮拉埃乌斯和埃莱夫西斯。其沿海地区因海上贸易而繁荣。最早的居民是佩拉斯奇人，公元前 2000 年是迈锡尼文明的中心。约公元前 1300 年爱奥尼亚希腊人入侵。公元前 700 年在忒修斯王的努力下，该地区并入雅典。

下的极好的标题。（5）这些作家搜集了各种各样，斑驳陆离，仿佛是杂乱无章的知识，因此他们发明了很多巧妙的标题以求名实相符。（6）有些人给他们的作品取名为“缪斯（Musarum）”[1]，有些人则取名为“森林（Silvarum）”[2]；某人使用了“雅典娜的绣袍（Πέπλον）”[3]一词来为自己的作品冠名，另一人则用了“阿玛尔忒亚之角（Ἀμαλθείας Κέρας）”[4]；有人使用“蜂巢（Κηρία）”一词，另一些人则使用“蜂蜜酒（Λειμῶνας）”一词；某人称自己的作品为“他自己的读书心得（Lectionis Suae）”，另一人则称其为“古文选读（Antiquarum Lectionum）”；有人用“花束（Ἀνθηρῶν）”，有人用“探索（Εὑρημάτων）”。（7）某些人用“明灯（Λύχνους）”，某些人用“挂毯（Στρωματεῖς）”；某些人用“大全（Πανδέκτας）”，另一些人则用“赫利孔山（Ἑλικῶνα）”[5]“问题集（Προβλήματα）”“手册（Ἐγχειρίδια）”“短剑（Παραξιφίδας）”之类的名字。（8）某人用“回忆录（Memoriales）”作为题名，另一人则用“实践（Πραγματικὰ）”为题，还有人用“附录（Πάρεργα）”，更有人用“教程（Διδασκαλικά）”。

1　缪斯（Μοῦσαι, Musae）是古希腊神话中科学、艺术女神的总称，为主神宙斯与记忆女神谟涅摩叙涅所生。缪斯女神的数目不定，有三女神之说，亦有九女神之说。最经典的九位缪斯的说法是：欧特碧（音乐）、卡莉欧碧（史诗）、克莉奥（历史）、埃拉托（抒情诗）、墨尔波墨（悲剧）、波莉海妮娅（圣歌）、特尔西科瑞（舞蹈）、塔利娅（喜剧）、乌拉妮娅（天文）。

2　比喻原始形态的材料。作者以此为书名，是对自己的著作的自谦说法。

3　是在为纪念雅典娜女神而每四年举行一次的泛雅典娜节（Panathenaea）上献给雅典娜女神的崭新的绣袍，由雅典城的处女们织就，上绘神话传说，英雄业绩，阿提卡的历史场景，名人肖像等图案。作者以此为书名，有炫耀自己的著作的内容就像绣袍上的图案一样五花八门之意。

4　据古希腊神话传说，宙斯出生时，正值其父克洛诺斯当权，母亲瑞亚害怕宙斯被其残暴多疑的父亲吞食，遂将其藏到克里特岛，交由三位仙女抚养。在岛上，有一只母山羊为他提供神圣的乳汁，一只雄鹰则给他带来仙酒。每当他哭叫时，瑞亚的仆人们就到摇篮边为宙斯跳舞，并用短剑敲击铜盾掩盖他的哭声，因此克洛诺斯一直未发现这一秘密。宙斯在岛上一天天茁壮成长。一天，他和母山羊玩耍时不小心推倒了她，摔断了一支美丽的羊角。仙女阿玛尔忒亚赶忙为她治伤，宙斯则拾起这只羊角，赋予它神奇的魔力，并将它赠给了这名善良的仙女。这只羊角从此被称为“阿玛尔忒亚之角”，又称为“丰饶之角”，因它能出产各种美味的食物。作者以此为书名，有炫示自己的著作的内容就像“丰饶之角”一样丰富多彩之意。

5　赫利孔山（Ἑλικῶνα），比奥细亚的名山，是阿波罗和文艺女神缪斯的圣地。

还有诸如“自然史（Historiae Naturalis）”“全史（Παντοδαπῆς Ἱστορίας）”“草地（Pratum）”“硕果累累（Πάγκαρπον）”“论题（Τόπων）”之类的书名。（9）很多人称他们的笔记为“杂记（Coniectanea）”，另一些人则称其为“道德书简（Epistularum Moralium）”，“问题或杂题书简（Epistolicarum Quaestionum aut Confusarum）”。还有其他很多极具智慧和极其巧妙的书名。[1]（10）我自己学识浅薄，思虑不周，仓促付梓再加上文笔粗鲁，所以给自己的作品取名为“阿提卡之夜（Atticas Noctes）”，因其写于阿提卡的漫漫冬夜中的缘故。虽然在文风上力求典雅，但是我仍然自承自己的书名远逊其他所有作家的作品。

（11）我做这些摘录与笔记的目的也不与我之前提及的大多数作家相同。因为他们全部，尤其是希腊人，在博览群书后兼收并蓄，汇集成书，仅追求数量的多寡。阅读这样的选集只会让人昏昏欲睡，心生厌恶，提不起精神去阅读那些要么令人感兴趣，要么值得一读，要么有助记忆的章节。（12）而我，则把那位以弗所人（Ephesius）[2]的广为人知的谚语铭记在心：“读书破万卷，未必得真知（πολυμαθίη νόον οὐ διδάσκει）。”我在工作之余忙里偷闲，从卷帙浩繁的著作中穿梭，毫无休息，真可谓是殚精竭虑。我从中选出了一小部分内容，以简明易读的方式加以编排，希望能够要么引导那些孜孜不倦的，有着天才思想的人们去追求自由的学习与对有用的技艺的研究，要么把那些碌碌于养家糊口的人从对野蛮粗鄙之事以及对语词的无知中拯救出来。

1 上面所引的30个书名之中，半数可以确定其作者，其中许多书名见于本书各处。

2 指赫拉克利特（Ἡράκλειτος，公元前540年—前480年），伊奥尼亚哲学家，辩证法的奠基人之一，生于以弗所一个贵族家庭。他本来有权继承王位，但是他将王位让给了他的兄弟，自己则跑到女神阿尔忒弥斯庙附近隐居起来。波斯国王大流士曾致信邀请他去波斯宫廷讲解自己的学说，但被其傲慢地拒绝了。赫拉克利特认为万事万物的本源是火，宇宙就是一团永恒的活火，按照一定的尺度和规律而变动。这尺度和规律就是所谓的逻各斯（λόγος）。其生平事迹可参见《名哲言行录》之第九卷第一章《赫拉克利特》篇。

（13）笔记中有一些在文法上、逻辑论证上或是几何学上晦涩难懂之处。也可能会有少许令人莫名其妙的论及占卜师和祭司的法律的内容。读者不应当因为它们没有用处或是难以理解而对其置之不理。我没有对这些错综复杂的问题做一番刨根问底的研究，而仅是奉上最初的成果，作为对各种高雅技艺的预先品尝。即便是受过一般教育的人，如果没有耳闻目睹过这些内容，就算没有害处，至少也属于孤陋寡闻。（14）因此，对于那些碰巧有暇并且有兴趣翻阅我的呕心沥血之作的人们，我有如下请求：倘若读到了什么他们早已知道的内容，不要斥之为众所周知的陈词滥调。（15）我的著作颇讨人欢喜，因为它既没有在学校里周而复始教授的内容，也没有在前人著作中老生常谈的内容。（16）此外，如果读者们从此书中发现了什么新奇的东西，我认为这样做是公正的：不沉溺于无用的批评之中，而是扪心自问，这些发现，尽管微不足道，但终究是没有激起学习的欲望的能力？或是太过于乏味而不能滋养迟钝的心灵？或是它们不具备那些种类的萌芽，人们能借此变得更成熟，天性变得更活跃，记忆变得更丰富，演讲变得更有力，谈吐变得更真诚，闲暇之余更快乐，游戏之时更豪爽？（17）对于那些看起来表达得不够清晰，或是不太完善的部分，我再次请求我的读者们，将此书看作是为提供线索的目的而不是为教导的目的而写作的。这样，读者们就可以满意于它们所指出的道路，如果读者们愿意的话，可以在书本与教师的帮助下按图索骥。（18）读者们要是发现了什么可指摘的内容，则请他们，如果有胆量的话，去指责我从其著作中做摘录的作家。如果读者们发现了某些地方的叙述与我的不尽相同，则请他们不要贸然指摘，而是应去考虑如此叙述的理由和这些作者的权威性，它们是其他作者和我所一致遵循的。

（19）对那些不能在书中找到乐趣或是不能专心于阅读、提问、写作、记录的人来说，对那些不能像我一样秉烛夜读的人来说，对那些不能从与相同的缪斯的追随者的论辩中提高自己，反倒肆行横暴之事的人来说最好还是远离“阿提卡之夜”，另谋高就吧！有句古话说得好：

夏虫不可言冰，蟪蛄不知春秋！

（nil cum fidibus graculost, nihil cum amaracino sui）

（20）另外，考虑到它可能激起某些半瓶醋的读者们的愤怒与嫉妒，我从阿里斯托芬[1]的歌队[2]里借来了几首抑抑扬格[3]诗，这位最具智慧的人士曾将此作为他的作品的观众们必须遵守的规矩。我也将这些规矩推荐给本书的读者们：无知庸俗，讨厌缪斯的戏剧的庸人，既不要碰它也不要接近它，远离音乐游戏。

（21）以下是该诗立下的规矩：

请默不作声地远离我们的歌队；
那些不懂这样的语言，或是心灵不洁净的人；
那些不晓尊贵的缪斯的仪式的人，或是不会舞蹈的人；
我要对这些人一而再，再而三地说：
请远离我们的歌队；但你们，唤起了我们通宵达旦的狂欢；
它们正适合于我们的盛宴。[4]

（22）我至今已经完成了二十卷的笔记。（23）如果我能活得像神所希望的那样长的话，我将把照看家庭，教育孩子之余的闲暇时间都投入到搜集与前书相似的简明有趣的笔记中去。（24）因此，此书的卷数，在神的恩惠下，将会与我人生的岁月同步，

1　阿里斯托芬（Ἀριστοφάνης，约公元前448年—前380年），古希腊早期喜剧代表作家，雅典公民，生于阿提卡的库达特奈昂，一生大部分时间在雅典度过，同哲学家苏格拉底、柏拉图有交往。相传他写有四十四部喜剧，现存《阿卡奈人》《骑士》《和平》《鸟》《蛙》等十一部，均属现存于世的最早的希腊喜剧，有“喜剧之父”之美称。其著作的中译本可参见《古希腊悲剧喜剧全集》（张竹明、王焕生译，译林出版社2007年第1版）第6、7卷。

2　歌队是古希腊戏剧中的一个特殊角色，一般由十二人或十五人组成，其成员头戴面具，一边舞蹈一边歌唱，向观众介绍剧情，发表见解，进行评述，有些类似于现代戏剧中的旁白。

3　抑抑扬格是由两个非重读音节和一个重读音节组成的音步。含三个音节，即轻—轻—重。

4　这段文字改编自阿里斯托芬的喜剧《蛙》第354～371行。中译文可参见《古希腊悲剧喜剧全集》第7卷之《蛙》边码第354～371行。

无论它是长是短。只要保持我现在写作与做笔记的能力就行了，我并不指望能活得更长。

（25）我把每篇笔记的标题都放在一起，这样立即就能知道在每卷中能找到和发现什么。

第 11 卷

人之生命确实类似于铁器，

若你频繁使用，则易于磨损；

若搁置不用，则会被锈蚀所吞噬。

同样，我们看到人因操劳而衰竭；

如果你无所事事，

懒惰和懈怠会带来比劳作更大的损害。

第 1 章

关于 terrae Italiae（意大利地区）一词的来源；以及关于被称为 suprema（最高）的罚款和这个词的缘由；关于阿特尔尼乌斯法（Lex Aternia）[1]；以及古时通常用什么词来称最低的罚金。

（1）提马埃乌斯（Timaeus）[2] 在其用希腊语记述罗马人民的历史事件的《历史（Historiae）》中，瓦罗（Vallo）[3] 在其《人事记》[4] 中，均说意大利地区的名字起源于希腊语；因为在古代希腊语中，

---

1 公元前 454 年由执政官斯普利乌斯·塔尔佩乌斯（Spurius Tarpeius）和奥卢斯·阿特尔尼乌斯（Aulus Aternius）提议通过的法律。西塞罗《论共和国》第 2 卷第 60 节记载："在产生第一任执政官之后约五十四年，执政官斯普利乌斯·塔尔佩乌斯和奥卢斯·阿特尔尼乌斯在百人团会议上提议通过了著名的、受民众欢迎的罚款和押金法。"中译文据王焕生《西塞罗文集（政治学卷）》。

2 提马埃乌斯（Timaeus，希腊文 Τιμαῖος，约公元前 350 年—前 260 年），西西里塔乌罗迈尼姆（Tauromenium）的历史学家。公元前 317 年逃亡到雅典生活了 50 年。著有一部关于西西里的 38 卷本《历史（Historiae）》，从早期到公元前 289 年。其中部分涉及意大利、迦太基和希腊等地的事件。

3 参看第 1 卷第 16 章注。

4 此书的完整名称应为《人神古事记》（Antiquitatum Libri 或者 Antiquitates Rerum Humanarum et Divinarum），分为两个部分，《人事记》（Rerum Humanarum）25 卷，《神事记》（Rerum Divinarum）16 卷。分别论述罗马的政治和宗教制度，是瓦罗最伟大的著作，只有片断流传下来。但是《神事记》部分相对多一点，因为奥古斯丁的《上帝之城》（De Civitate Dei）从其中引用了大量材料。

牛被称作 ἰταλοί。在意大利，它们大量存在；在这片土地上，极其众多的牧场繁茂生长，常年用于放牧牛群。

（2）意大利彼时盛产牛，我们可以设想因此缘故，设置了名为 suprema 的罚金，即在连续的每天里交两只羊及 30 头牛，这自然是根据牛的充足和羊的稀少。然而，当行政官宣布了这种由牛羊构成的罚金后，驱赶过来的牲畜价值高低不一，这种情况使得罚金造成的惩罚不均衡。后来依据阿特尔尼乌斯法规定，一只羊等于 10 阿司，一头牛等于 100 阿司。（3）而 minima（最低）是指罚金为一只羊。最高罚金的数目如我前面所述，宣判高于上述数目的连续每日罚金[1]是不合法的，故而被称为 suprema，它是最为高昂沉重的。

（4）因此，今天当罗马人民的行政官也按古法宣判最低或最高罚金时，通常会遵循这样的规则，即所谓的羊是公羊。而马尔库斯·瓦罗在宣判最低罚金的法律公文中如此宣告："马尔库斯·泰伦提乌斯（M. Terentius）受到传唤时既不出庭，也未得到宽恕，我宣布对他处以一只公羊（unus ovis[2]）的罚金。"[3]人们认为，如果不说明性别，处罚就显得不合法。

（5）不过马尔库斯·瓦罗在其《人事记》第 21 卷中说 multa（罚金）这个词不是拉丁语，而是萨宾语（Sabinus）。他说，直到他的年代，这个词还存在于萨谟奈人（Samnis）的语言中，此词起源于萨宾语。然而，一班新潮的语法学家们声称，此词也与其他一些词一样，是词义反用（κατὰ ἀντίφρασιν）[4]。（6）虽然按语言的用法和习惯，无论是我们如今所说，还是大多数先人所言，都是用 multam dixit（他宣判了罚金）和 multa dicta est（罚金被判

1　即在连续的一段日子里每日交付一定数量的动物。

2　拉丁语中羊（ovis）一词可以指公或母，此处 unus ovis 是指一只公羊。

3　《人事记》第 23 卷。

4　或称反语法，为表达出讽刺或幽默效果，使用的单词或短语意义与一般意义相反。比如，巨人身高 3 尺，"巨人"便是词义反用。

处），我认为指出马尔库斯·加图（M. Cato）[1]的说法不同也不无裨益。因为《史源（Origines）》第4卷中有这些话："若是有人战斗时脱离队列，我们的统帅会对他处以罚金（multam facit）。"（7）从中也可看出，加图巧妙地变换了措词，因为罚金发生于军营里、军队中，而非在民众大会上面向人民宣布处罚。

梭伦与克洛伊索斯
〔荷兰〕宏多斯（Gerrit van Honthorst）（1590—1656）

1 参看本书第1卷第12章注。

第 2 章

在先人那里，elegantia（精致）一词与令人愉快的品性无关，而与精致的着装与生活方式有关，后者被归类为过错。

（1）“精致（elegans）之人”在以前并非赞许之语，大约到了马尔库斯·加图的年代，此词还是贬义而非褒义。（2）事实上它既见于别人的著作，也见于加图题为《论风俗（Carmen de Moribus）》[1]一书。书中有言如下：“他们认为贪婪包括所有恶习，谁若被视为铺张的、有欲望的、精致的（elegans）、邪恶的以及无用的，他就得到赞美[2]。”（3）从这些话中可见，从前 elegans 所表达的并非是人的品性优雅，而是指他在着装和生活方式上极度优雅精致。

（4）后来，“精致（elegans）”者确实不再受到指责，但也未被看作值得赞赏，除非此人的精致极有分寸。因此，马尔库

1 《论风俗》是一部长诗，已失传。

2 这些习性相对于守财奴而言还是值得赞美的。

斯·图利乌斯[1]称赞卢基乌斯·克拉苏(Lucius Crassus)[2]和昆图斯·斯凯沃拉(Quintus Scaevola)[3]不但精致，而且其精致中还杂糅着极度的节俭，他说："克拉苏是精致者中最为节俭者，斯凯沃拉则是节俭者中最为精致者。"[4]

（5）此外，我还记得在加图的同一卷书里，四处散见有这样的只言片语："按习惯，在广场要穿着体面，家居则足以遮体即可。人们买马的花费比买厨师还多。诗歌的技艺并不令人尊敬。若是有人孜孜于此或者热心于赴宴，便会被唤做'浪荡子(crassator)'。"（6）在同一书里还有这样一句富有真知灼见之语："人之生命确实类似于铁器，若你频繁使用，则易于磨损；若搁置不用，则会被锈蚀所吞噬。同样，我们看到人因操劳而衰竭；如果你无所事事，懒惰和懈怠会带来比劳作更大的损害。"

1　即西塞罗。

2　卢基乌斯·李基尼乌斯·克拉苏(Lucius Licinius Crassus，公元前140年—前91年)，公元前95年任执政官，前92年任监察官。他的学生西塞罗称他为那一时期最伟大的罗马演说家。

3　昆图斯·穆吉乌斯·斯凯沃拉（Quintus Mucius Scaevola，？—前82年），罗马共和国政治家，对罗马法进行科学研究的创始人。前95年任执政官，前89年任大祭司。他是一套18卷的民法论著的作者，还编著了一本法学手册。他死于苏拉（Sulla）和盖乌斯·马略（Gaius Marius）的权力之争所导致的大屠杀。

4　《布鲁图斯（Brutus）》第148章。

第 3 章

小品词 pro 的用法如何变化，有多少种变化；以及有关这些变化的实例。

（1）在从事裁决和法务（arbitriis negotiisque）[1]之余暇，我时常会在为活动身体之故而散步或骑行之时，独自探究那种细小琐碎、为不学无术者所鄙视，但是对于深刻理解古代著作及掌握拉丁语知识却极有必要的问题。例如最近，当我独自在普列奈斯特（Praeneste）[2]的隐居处进行晚间散步时，偶然思考起拉丁语中某些小品词的用法如何变化，有多少种变化。介词 pro 即属此类。（2）因为，有时我看见人们说："pontifices pro conlegio decrevisse（大祭司们以祭司团的名义发布命令）"，或者，"quempiam testem introductum pro testimonio dixisse（一个证人被带了进来，陈言以作证词）"，或者如加图在《史源》第 4 卷中写道："proelium factum depugnatumque pro castris（战斗在军营前面进行并结

1 作者曾在罗马从事过一段时间的司法事务。参看本书第 12 卷第 13 章、第 14 卷第 2 章。

2 普列奈斯特（Praeneste）是罗马东面拉丁区的古城，有古罗马命运女神和天地女神的神殿。有人从这段话里推断出作者在普列奈斯特有一所别墅。

束）”，以及在第5卷里：“urbes insulasque omnis pro agro Illyrio esse（所有的城市和岛屿都支持伊里利亚地区）”；还有人说“pro aede Castoris（在卡斯托尔[1]庙前）”，或者“pro rostris（从讲台上）”，或“pro tribunali（在法官席前）”，或者“pro contione（面对集会）”以及“tribunum plebis pro potestate intercessisse（平民保民官按其职权予以反对）”。（3）然而我断定，谁若认为所有这些说法大同小异，或者认为它们迥然不同，都是错的。因为我认为，这个差别是同源而殊归。（4）谁若用心地予以思考，并且对古代语言有经常的使用和学习，确实不难理解这一点。[2]

1　卡斯托尔（Castor），古罗马神，和伯吕克斯（Pollux）合称狄奥斯库里（Dioscuri）兄弟。被认为是运动员和马军的守护神，也是水手的保护神。其名字常见于誓词，尤其见于女性起誓。

2　作者的意思似乎是pro一词的所有这些不同含义都来自于一两种原始含义。这些例子中的绝大部分，都与“为了”或者“在之前”两个意思相近。

第 4 章

昆图斯·恩尼乌斯（Q. Ennius）[1] 以何种方式仿效 [2] 欧里庇得斯（Euripides）[3] 的诗句。

（1）欧里庇得斯在《赫卡柏（Hecuba）[4]》中的诗句因其措词、含义以及简炼而光彩夺目。（2）赫卡柏对尤利西斯（Ulixes）[5] 说：

你的名望让人信服口才差也无妨，
一样的话语可以有不一样的分量，
就看他声名狼藉（ἀδοξούντων）还是美名远扬（δοκούντων）。[6]

（3）昆图斯·恩尼乌斯在翻译这个悲剧时，模仿得不失顺畅。恩尼乌斯的同样行数的诗句如下：

---

1 参看本书第一卷第 22 章注。

2 “仿效”一词原文为 aemulor，意为竞赛、模仿。在古希腊，文学创作往往与参加竞赛有关。

3 参看本书第 1 卷第 15 章注。

4 希腊文名 Ἑκάβη，特洛伊战争中特洛伊国王普里阿摩斯（Primus）的王后，赫克托尔（Hector）之母。

5 即奥德修斯（Odysseus），荷马史诗《奥德赛》的主人公。

6 《赫卡柏（Hecuba）》第 293 ~ 295 行。

你会轻易说服亚该亚人[1]就算言语失当，
相同的话语和言辞会有不同的力量，
哪怕大人物（opulenti）和无名氏（ignobiles）说得完全一样。

（4）如我所言，恩尼乌斯译得不错。但是用 ignobiles 和 opulenti 来对应 ἀδοξούντων kai δοκούντων 似乎不尽合原意，[2] 因为无名之士未必都遭人鄙视，而权势人物未必都名声荣耀。

1　亚该亚人（Achivus/Achaeus）是伯罗奔尼撒半岛北部地区的居民，此处当指当时战争中的希腊军队。

2　这两个词的本义也并不相对，ignobiles 指的是声望的欠缺，opulenti 指的是财物与权势的富足。

第 5 章

关于皮浪学派（Pyrroneus）[1]哲学家和柏拉图学派（Academicus）[2]哲学家的一些粗浅描写；以及关于两者之间的差异。

（1）那些我们称之为皮浪学派哲学家的人，在希腊人那里也被称为“怀疑主义者”（σκεπτικοί）。（2）这个词的含义近乎“探索者”（quaesitores）和“思考者”（consideratores）。[3]（3）他们既不断定什么，也不坚持什么，而是一直在寻找和思考，在万物之中，究竟有何物是可以对其有所断定和坚持的。（4）他们还认为自己既不能确切无疑地看，也不能确切无疑地听什么东西，而只是以如此方式接纳与受其影响，仿佛他们是在看和听，至于在其身上引起这种影响的事物本身属于什么性质、什么种类，他们则犹豫不决、存有疑心。他们还说，真与假的特征互相混杂、晦暗不明，所以对

1 皮浪学派（Pyrroneus），即怀疑学派，是由皮浪（Pyrrho，公元前360年—前270年）所创立的哲学学派。皮浪认为人不可能认识万物的本质，因为感觉并不可靠。因此，人对一切事物最好都采取怀疑的态度，保留判断，避免承诺和武断，从而达到心灵平静。

2 柏拉图学派（Academicus），Academicus 的原意是“属于柏拉图学园的”。

3 拉尔修（Laertius）《名哲言行录》第 9 卷第 69 节：“所有这些人都因其老师的名字被称为皮浪主义者，也因其学说而被称为犹疑主义者、怀疑主义者、存疑主义者、探究主义者。”中译文据徐开来、溥林。

万物的确证和真相都似乎是无法知晓的，所以，任何一个人，只要他不轻率鲁莽，滥于自作判断，就应当采用据他们所传由此派哲学的开创者皮浪所应用的话："事物性状或如此，或如彼，或两者皆否，均不足信（οὐ μᾶλλον οὕτως ἔχει τόδε ἢ ἐκείνως ἢ οὐθετέρως）。"[1] 因为他们否认，每种事物的特征（indicium）和本真的性状（sincera proprietas）是可以被认识与把握的，这一思想正是他们试图用各种方法来教导与展示的。（5）法沃里努斯（Favorinus）[2] 也就这个问题写了十卷极其详尽而精致的书，名为《皮浪主义者的立场（πυρρωνείων τρόπων）》[3]。

（6）很久以来，很多希腊哲学家就在讨论这样的问题：皮浪派哲学家与柏拉图派哲学家的区别是什么、有多大。[4] 的确两者都被称为思考者（σκεπτικοί）、悬搁判断者（ἐφεκτικοί）与犹豫不决者（ἀπορητικοί），因为两者都不肯定什么，也不认为有什么东西可以被完全把握。然而他们说，出自万物的所见——那被称为心象（φαντασίαι）的，并非有如事物自身的本性之所是，而是有如这些所见所抵达的那些人的心灵或身体的感受。（7）所以他们说，那些推动人们感觉的万物都是"依他"（τῶν πρός τι）[5] 的。这个词表达的意思是：没有东西是自我存在的，也没有什么东西拥有固有的力量和本性，所有事物其实都完全与它物相联系着，并且如此呈现：

1 这句话的意思是：一个事物具有这一性状，相较于具有另一性状，以及相较于两种性状均不具有，不会更加（οὐ μᾶλλον）正确。拉尔修《名哲言行录》第 9 卷第 75 节中提到，当怀疑论者使用"οὐ μᾶλλον（不会更加）"这个措辞时，表达的是否定含义。比较的双方不是一样好，而是一样坏。

2 参看本书第 1 卷第 3 章注。

3 塞克斯图斯·恩皮利库斯（Sextus Empiricus）在他的《皮浪主义纲要（Πυῤῥώνειοι ὑποτυπώσεις）》（I，14，36）中提出了皮浪主义的十项基本主张，德译者认为，这十项主张法沃里乌斯在他的书中也应该提到，故将法氏的书名译为《皮浪主义的十项不同主张（über die 10 verschiedenen Beweisgründe des Pyrrho）》。显然法氏的这部著作是此章的资料来源。

4 这是一个传统的问题，普鲁塔克也曾就同一题目写过文章。

5 即，事物与其他事物有关。

它们的形象存在于被观看之时，并且它们产生于它们所到达的我们的知觉，而非产生于它们所来自的本体。（8）尽管皮浪主义者和柏拉图派都同样主张这些观点，人们依然认为两者在其他一些方面存在差别，尤其是，柏拉图派好像把握到（comprehendo）至少这一件事，即没有东西可以被把握；好像断定了一件事，即没有东西可以被断定；而皮浪主义者则说，连这一点在任何情况下也不被视为是真的，因为没有东西被视为是真的。

庞贝城的末日
〔俄罗斯〕卡尔·帕夫洛维奇·布鲁洛夫（1799—1852）

第 6 章

罗马女人不会凭赫拉克勒斯（Hercules）[1] 起誓，而男人不会凭卡斯托尔起誓。

（1）在古代著作中，罗马女人不会凭赫拉克勒斯发誓，而男人不会凭卡斯托尔发誓。（2）只是，她们为何不以赫拉克勒斯名义发誓并不难理解，因为她们避不参加赫拉克勒斯祭祀。[2]（3）可是为何男人起誓时不提卡斯托尔的名字却不好解释。在典范作家的著作中，无处可见女人说 mehercle（以赫拉克勒斯之名起誓）或者男人说 mecastor（以卡斯托尔之名起誓）的字样。（4）edepol 是以伯吕克斯（Pollux）的名义起誓的誓言，男女通用。（5）然而马尔库斯·瓦罗郑重其事地说，最早期的男人们并不惯于以卡斯托尔或者伯吕克斯的名义起誓，这个誓言得自厄琉西斯（Eleusis）

1 参看本书第 1 卷第一章注。

2 在位于罗马牛市的马克西姆祭坛（Ara Maxima）进行的赫拉克勒斯祭祀不允许女性参加。

入教仪式[1]，仅由女人使用；（6）逐渐地，出于对古代用法的无知，男人们开始说 edepol，于是，这种说法变成了习语；然而男人说 mecastor 则在古代著作中无处可见。

雅典学派
〔意〕拉斐尔（1483—1520）

1　即厄琉西斯秘仪（Ἐλευσίνια Μυστήρια），古希腊最有名的秘传宗教。以大地女神得墨忒耳（Demeter）的故事为背景，她的女儿珀耳塞福涅（Persephone）被冥王哈迪斯（Hades）拐走。她在寻找女儿时，在厄琉西斯停留，得墨忒耳向王室暴露了她的身份，并叫他们建神庙供她隐居，传授他们礼拜她的仪式。大秘仪在秋天举办，仪式开始时，以庄严的行列从雅典前往厄琉西斯的神庙，接下来在海水中作浸浴仪式，连续3天斋戒，然后完成秘密仪式。正式入教表示获得拯救并享有身后福祉。

第 7 章

绝不使用极其古老、已被放弃而不再使用的词汇。

（1）使用或极其陈旧过时，或怪异新奇以至于刺耳粗俗的词汇，似乎同样都是过错。然而我认为，使用罕见、晦涩、冷僻的词汇，比起使用常用而低俗的词汇更加令人生厌、当受指责。（2）我断言那些罕见而废弃不用的词，虽然是老词，看起来也像新词。（3）这主要是迟获知识的弊端，即希腊语所谓的 ὀψιμαθία（晚学）。对一件事，你从未学过、久无所知，终于从某天起对其有所知晓，于是就在每个场所里，在各种谈论中，夸夸其谈。例如，我亲眼见到一位在诉讼方面颇具资历与声望的罗马人获得了速成的、似乎仓促拼凑的学问。当他在罗马城市长官（praefectus urbi）面前陈词时，想要描述某个人过着贫穷而凄惨的生活，吃麸皮面包，喝劣质难闻之酒，他说："这位罗马骑士以糠麸（apluda）为食，以酒渣（flocces）为饮。"（4）所有在场者面面相觑，起先是忧心忡忡，露出不安和询问的表情，究竟这两个词是什么意思；而后，仿佛那人说的是什么伊特鲁里亚语（Tuscus）或者高卢语，大家哄然而笑。（5）此人曾读到过古代的农人称谷物的糠麸为 apluda，普劳图斯（Plautus）[1] 在名为《驮鞍（Astraba）》[2] 的喜剧里用过这个词，如果此剧确为普劳图斯所著的话；（6）同样，他还听说古语中 flocces 指的是葡萄皮经压榨后的酒渣，有如橄榄的油渣，他在凯基利乌斯（Caecilius）[3] 的《被售卖者（Polumeni）》[4] 中读到了这个词；他保留了这两个词作为演说的点缀。

（7）另有一位无趣之人，也在略作此类阅读之后，当对方要求讼事延迟时，说："求你了，大法官，帮帮我！这位 bovinator（谩骂者）[5] 到底要拖延我多久？"他还大喊了三四声，"他是 bovinator！"（8）在场的大多数人开始窃窃私语，似乎惊讶于这个词的丑陋。（9）然而此人趾高气扬地说："莫非你们从未读过卢齐利乌斯？他称拖延者为'bovinator'。"卢齐利乌斯第 11 卷里的诗句如下：

si tricosus bovinatorque ore improbus duro.

若是狡猾无耻的拖延者（bovinator）有一张脏嘴巴。

1 普劳图斯参看本书第 1 卷第 7 章注。

2 《Astraba》被普罗布斯（Probus）确定为是普劳图斯的一篇作品的标题。

3 即凯基利乌斯·斯塔提乌斯。参看本书第 2 卷第 23 章注。

4 希腊文 Πωλούμενοι，意思是供出售的男人。

5 bovinator 一词有两种含义，谩骂者和拖延者，可能前者比较常用。

第 8 章

马尔库斯·加图如何看待和谈论阿尔比努斯（Albinus）[1]，后者作为罗马人，使用希腊语来撰写罗马史，并事先请求宽恕他对此语言的生疏。

（1）据说马尔库斯·加图非常公正而巧妙地指责了奥卢斯·阿尔比努斯（Aulus Albinus）。（2）阿尔比努斯在与卢基乌斯·卢库鲁斯（Lucius Lucullus）[2] 共任执政官期间，[3] 用希腊语撰写了一部罗马史。（3）在他的《历史（Historiae）》的序言中写了大致这样的话，如果这部书写得疏于条理，匮于优雅，人们不当感到愤

1　奥卢斯·波斯图米乌斯·阿尔比努斯（Aulus Postumius Albinus），公元前 2 世纪人。公元前 155 年任大法官，前 151 年任执政官。任期间，因为为了西班牙战争而强行征兵，而与其同僚卢基乌斯·卢库鲁斯一起被保民官短暂投入监狱。前 146 年随卢基乌斯·穆姆米乌斯·亚该库斯（Lucius Mummius Achaicus）出征希腊，并任他的使节之一。他精通希腊文学。

2　卢基乌斯·李基尼乌斯·卢库鲁斯（Lucius Licinius Lucullus），公元前 2 世纪人。前 151 年任执政官。任期间，因为为了西班牙战争而强行征兵，而与其同僚奥卢斯·波斯图米乌斯·阿尔比努斯一起被保民官短暂投入监狱。到达西班牙后，发现他的前任马尔库斯·克劳狄乌斯·马尔凯鲁斯（Marcus Claudius Marcellus）已经与凯尔特伊比利亚人签订了合约，出于贪欲他进攻了未和罗马交战的瓦克凯伊（Vaccaei）和考奇（Cauci）这两个部族。

3　公元前 151 年。

怒。他说：“因为我是一个出生于拉丁姆的罗马人，希腊语对我来说极其陌生，”因此，若有错误之处，他恳求宽容和原谅，不要给予恶意的评论。（4）马尔库斯·加图读了这些话后，说：“奥卢斯，你真是太过荒唐，宁愿求免罪过，也不愿自保清白。因为我们通常之所以恳求宽容，或因无知而迷失，或受强迫而犯错。求你告诉我，”他说，“是谁强迫你做此事呢，为此，你须得在动手之前先求宽恕？”（5）这件事记载于科尔内利乌斯·奈波斯（Cornelius Nepos）[1]《名人传（De Viris Illustribus）》的第13卷。

城池

〔意大利〕皮耶罗·德拉·弗朗西斯卡（1420—1492）

1 参看本书第6卷第18章注。

第 9 章

在克里托拉乌斯（Critolaus）[1]的书中发现的有关米利都（Miletus）[2]使团以及有关德摩斯梯尼（Demosthenes）[3]演说的故事。

（1）克里托拉乌斯写道，来自米利都的使团因国家事务来到雅典，他说，或许是为了谋求援助。然后，他们请来一些心目中的合适者作为他们的辩护人，而辩护人按照指示，代表米利都人向民众发言。德摩斯梯尼激烈地回应了米利都人的请求，断言米利都人不值得帮助，这么做也不符合城邦利益。这件事推迟到次日决定。使节们拜访了德摩斯梯尼，竭尽全力恳求他别说反对意见。他提出要钱，并且得到了他所要的数目。次日，当此事再次开始讨论时，德摩斯梯尼脖颈上缠着许多羊毛，走到民众跟前，说自己患了喉痛，因此不能作反对米利都人的发言。此时人群中有人大呼，德摩斯梯

1　即法塞利斯的克里托拉乌斯（Critolaus of Phaselis），公元前 2 世纪人。雅典逍遥学派的领袖，复兴了摇摇欲坠的逍遥学派在哲学和科学领域的研究。曾代表雅典出使罗马，参看本书第 6 卷第 14 章第 8 节。

2　参看本书第 1 卷第 11 章注。

3　参看本书第 1 卷第 5 章注。

尼患的不是喉痛（synanche），而是银喉痛（argyranche）。[1]

（2）据同一个克里托拉乌斯记载，德摩斯梯尼后来没有掩盖此事，反而将其引为自己的荣耀。当他问戏剧演员阿里斯托德穆斯（Aristodemus）[2]，他若演出的话，报酬是多少，阿里斯托德穆斯回答说“1塔兰特”。[3]他说：“可是我，为了保持沉默，却拿了更多。”

1 讽刺他的病和收人银子有关。synanche希腊文是συνάγχη，前缀συν-起强调的作用，用ἀργυρ-（银子）替换συν-则成了ἀργυράγχη（argyranche），讽刺之意立现。普鲁塔克《希腊罗马名人传·德摩斯梯尼》中说德摩斯梯尼收的是马其顿王亚历山大的国库官哈尔帕卢斯（Harpalus）的钱，后者希望在雅典得到庇护。

2 即麦塔彭图姆（Metapontum）的阿里斯托德穆斯（Aristodemus），定居于雅典，是一位著名的演员。他属于亲马其顿派，曾参加与腓力的和谈。他还和德摩斯梯尼、埃斯基涅斯（Aeschines）等人一起，参加了公元前346年的赴马其顿使节团。

3 根据普林尼《自然史》第7卷第129章记载，著名的罗马演员罗斯基乌斯（Roscius）年入500,000塞斯特尔提乌斯。

第 10 章

盖乌斯·格拉古（Gaius Gracchus）[1]在其演说中将上述的故事归于演说家德马德斯（Demades）[2]，而非德摩斯梯尼；盖乌斯·格拉古的原话。

（1）我在前一章里所述的克里托拉乌斯关于德摩斯梯尼的记载，盖乌斯·格拉古在其反对奥菲乌斯法（Lex Aufeia）[3]的演说中，以下述话将此事归于德马德斯：（2）“你们，罗马公民们，如果你们想要享有智慧和品格，即使你们费心去找，你会发现我们当中没有人是无偿地来此的。我们，所有在此演说者，都有所索求，每个人来到你们面前，除了想要带走什么，别无其他理由。（3）就连我本人，在此对你们发表演说，劝说你们增加税赋，使你们可以更方便地照料自己和国家的利益，也非平白无故；不过，

1 参看第 1 卷第 11 章注。

2 德马德斯（Demades，希腊文 Δημάδης，公元前 380 年—前 318 年）演说家和煽动家，德摩斯梯尼的同时代人及对手，一个亲马其顿派的积极成员。人们认为他品性腐败然而非常雄辩。

3 对于这项法律是否存在，人们长期存有歧见。有人认为存在着一个名为奥菲乌斯（Aufeius）的大法官，他于公元前 124 年提出提案，力求使有争议的捐赠合法化，但未获通过。无法确定这个提案是否和当时罗马与米特拉达梯以及尼克美德斯之间的关系有关。

我所谋求的并非是钱，而是美誉和荣耀。（4）谁若上来劝告你们，不要赞同这项法律，所谋求的并非你们给予的荣誉，而是尼克美德斯（Nicomedes）[1]提供的金钱；谁若是劝告你们赞同这项法律，他们所谋求的也并非是你们所给予的美誉，而是来自米特拉达梯（Mithridates）[2]的报酬和奖赏，以此充实自己的家产；而那些出身同样的等级和阶层，却保持沉默的人们，则是最为阴险者，因为他们接受所有人的报酬，却欺骗每一个人。（5）你们认为他们与此事毫无瓜葛，赋予他们以美誉；（6）而国王的使节则认为他们为了国王的利益而缄口，赠予他们大量金钱财物；如同在希腊之地，当一个悲剧演员夸耀自己演一场戏获得一个大塔兰特（Talentum Magnum）[3]时，他所在城邦的最能言善辩者德马德斯据说如此回答：'在你看来是否很稀奇，因为说话而得到 1 塔兰特？可我，却为了保持沉默，从国王那里收到了 10 塔兰特。'同样，如今这些人因为保持沉默而收取高昂报酬。"

1　即尼克美德斯三世（Nicomedes III Euergetes，希腊文 Νικομήδης Εὐεργέτης），比提尼亚（Bithynia）国王（公元前 127 年—前 94 年在位）。第一任妻子是卡帕多奇亚（Cappadocia）国王阿利亚拉泰斯（Ariarathes）六世的女儿。他一度控制了帕弗拉戈尼亚（Paphlagonia）。妻子和岳父去世之后，为了获取卡帕多奇亚的王位，娶了岳母劳狄凯（Laodice）为妻。当劳狄凯的两个儿子去世之后，他找了一个冒名者来谋取王位。罗马元老院拒绝了这个要求，并且要求尼克美德斯三世放弃对卡帕多奇亚的所有权利并且退出帕弗拉戈尼亚。

2　即米特拉达梯五世（Mithridates V Euergetes，希腊文 Μιθριδάτης ὁ Εὐεργέτης），本都（Pontus）国王，公元前 150 年—前 120 年在位。即位后继续保持前任们与罗马结盟的政策，在第三次布匿战争中以及在针对帕加马（Pergamum）的欧迈尼斯三世（Eumenes III）的战争中支援了罗马，因而作为报答获得了弗里吉亚（Phrygia）。他是希腊文化的伟大保护者。

3　即阿提卡塔兰特（Attic Talent），相当于 26 千克重的纯银。在伯罗奔尼撒战争期间，1 塔兰特相当于 200 名桨手一个月的收入。

第 11 章

尼基第乌斯的话，在其中他说 mentiri 和 mendacium dicere 有区别。

（1）下面是普布利乌斯·尼基第乌斯（Publius Nigidius）[1]的原话，他是文哲各科的卓越人物，马尔库斯·西塞罗（Marcus Cicero）[2]对其十分敬重，誉之天资卓绝、学问渊博："mendacium dicere（说谎）和 mentiri（欺骗）之间有差异。欺骗者自己未受骗；而说谎者自己也受骗了。"（2）此外他还说："欺骗者尽其全力去骗人，然而说谎者自己却没有尽其全力去骗人。"（3）关于这件事他还说："善良者应当保证不欺骗，聪明者应当保证不说谎；前者会自累其身，后者却不会。"[3]（4）天哪！尼基第乌斯就是这样灵活多变而措辞巧妙地分辩了同一个问题的种种含义，由此到彼，娓娓道来。

1　参看第 2 卷第 22 章注。

2　参看第 1 卷第 3 章注。

3　意思是一种是有意而为，一种是无心之过，前者不可宽恕，后者可以原谅。

第 12 章

哲学家克律西波斯（Chrysippus）[1] 说每一个词都是模棱两可、含义暧昧的，狄奥多罗斯（Diodorus）[2] 则反之认为没有一个词含义不清。

（1）克律西波斯说过，每一个词都天生模棱两可，因为对同一个词人们可能有两种甚至更多的理解。（2）而其姓氏为克洛诺斯（Cronus）的狄奥多罗斯则说："没有什么词是模棱两可的，也没有什么人会说得模棱两可或者理解得模棱两可，除了说话者本人想要表达的含义，不该认为还表达了其他含义。（3）然而，如果我想说的是这个意思，而你理解的是另一个意思，可以认为是我说得不清楚而不是模棱两可；一个模棱两可的词的特征应当是，说这个词的人表达了两种或者更多的意思。然而，没有人自己想表达一种意思，却说成两种或者更多的意思。"

1 参看第 1 卷第 2 章注。

2 狄奥多罗斯·克罗诺斯（Diodorus Cronus，希腊文 Διόδωρος Κρόνος，？—公元前 284 年），古希腊麦加拉（Megara）学派哲学家。以其在逻辑学方面之创新而知名。

第 13 章

提图斯·卡斯特里西乌斯(Titus Castricius)[1] 如何评价盖乌斯·格拉古的一些措辞和一句话；他还指出这种说法对语义毫无助益。

（1）有人在提图斯·卡斯特里西乌斯面前念了盖乌斯·格拉古的演说《反普布利乌斯·波皮利乌斯（Publius Popilius）[2]》，提图斯是个修辞学教师，一个观念持重可靠的人。（2）演说开头部分的敷词设语比起古代演说家的惯常做法更加精炼而悦耳。（3）以上述之法所写的话如下：“你们数年来迫切地谋求与渴望的东西，若是轻率地予以拒绝，就难免被人说你们从前迫切地追求，或者说你们如今轻率地拒绝。（Quae vos cupide per hosce annos adpetistis atque volvistis，ea，si temere repudiaritis，abesse non potest，quin aut olim cupide adpetisse aut nunc temere repudiasse dicamini.）”

1　提图斯·卡斯特里西乌斯（Titus Castricius），革利乌斯的修辞学教师，备受革利乌斯推崇。

2　普布利乌斯·波皮利乌斯·莱那斯（Publius Popilius Laenas），公元前 135 年西西里的总督，前 132 年的执政官，波皮利乌斯大道（Via Popilia）和波皮利乌斯广场（Forum Popili）的建造者。任执政官期间，对提比略·格拉古的追随者采取了严厉措施。前 123 年自愿选择流亡。

（4）于是，这句平滑而流利的话的声音，就异乎寻常地使人愉悦；而在我们看来更加特别的是，这种遣词造句的方式，居然会在那时就令名声显赫而一本正经的盖乌斯·格拉古喜爱。（5）然而，当同一个句子应我们的要求被反复诵读之后，卡斯特里西乌斯告诫我们，细察一下这个句子有着怎样的意义和效能，别让我们的耳朵耽溺于话语的迷人韵律，使我们的心智被其空洞的愉悦所浸染。

当他以此告诫来让我们更加专注时，他说："彻底考察一下这些话所表达的意思，请你们当中哪位告诉我，这句话里是否存在任何力量或者优雅：'你们数年来迫切谋求与渴望的东西，若是轻率地予以拒绝，就难以避免被人说你们从前迫切地追求，或者说你们如今轻率地拒绝。'（6）实际上，众人之中谁不会想到此事理所当然？你迫切追求过什么，就会被人说你迫切追求过；你轻率地拒绝过什么，就会被人说你轻率地拒绝过？（7）可是我认为，"他说，"如果这样写：'你们数年来谋求与渴望的东西，若是如今予以拒绝，就难以避免被人说你们从前迫切地追求，或者被人说你们如今轻率地拒绝（Quae vos per hosce annos adpetistis atque volvistis, ea nunc si repudiaritis, abesse non potest, quin aut olim cupide adpetisse aut nunc temere repudiasse dicamini）'，（8）如果是这样去说，句子自然会变得更加强劲而坚实，并且会在听众那里赢得一些合理的期盼。（9）此处的 cupide（迫切）和 temere（轻率）这些词，为话题的全部力量之所在，不仅被使用于句子的结尾，而且被置于尚不需要的前部，于是那些应当通过对话题的理解自身生发与显现的东西，却完全早于话题的需要被说出来。若是谁说：'如果你做了此事，会被人说你热切地做了'，他是以别具含义的方式进行安排得当的述说；然而若是谁这样说'如果你热切地做，会被人说你热切地做了'，并未比他只是说'如果你热切地做，你热切地做了'道出更多的其他意思。"（10）他说："我提醒你们这些，并非是为了怪罪盖乌斯·格拉古，求天神们赐我更多的智慧！因为，若是能在如此雄辩的人身上指出什么过错与谬误，也全然会被他的威望所消弭，被他的古老所化解；而是为了让你们提防，别被滔滔不绝的辩才之抑扬顿挫的声音所轻易迷惑，让你们更早地权衡话题本身的力量和言词的品质；如果话语确实说得郑重、纯朴而且真诚，如果你认为如此，你会为演说的进展本身还有它的形式而喝彩；如果表达得谐和动听的话语里所包含的只是无聊、轻飘而空洞的内容，你们会觉得，它无异于奇丑无比、容貌可笑的人们在模仿演员，装腔作势。”

第 14 章

罗慕路斯（Romulus）[1] 王关于饮酒问题的审慎而绝佳的回答。

（1）卢西乌斯·皮索·弗卢基（L. Piso Frugi）[2] 在其《编年史（Annalis）》第 1 卷里描写罗慕路斯王的生活与习惯时，采用了极其简洁温雅的事实和语言。（2）他所写的话如下："他们说，同一个罗慕路斯应邀吃饭，因为次日有事，他在那里饮酒不多。人们[3] 对他说：'罗慕路斯，如果人人都像你这样，酒就会变便宜了。'他回答说：'恰恰相反，若是人人都随心所欲地喝，酒会更贵；而我是随心所欲地喝的。'"

1　参看本书第 1 卷第 16 章注。

2　参看本书第 7 卷第 9 章注。

3　指共进餐者。

第15章

关于ludibundus和errabundus以及这类加后缀的词；以及拉贝里乌斯（Laberius）[1]以ludibundus和errabundus的方式使用amorabundus；以及西塞那（Sisenna）[2]借助一个此类词汇而实现了新颖的表达方式。

（1）拉贝里乌斯在《阿维姆斯湖（Lacus Avemus）》中使用一个不同寻常的新造词来称呼恋爱中的女人为amorabunda。（2）凯色尔里乌斯·温德克斯（Caesellius Vindex）[3]在《古籍读书笔记》（Commentarium Lectionum Antiquarum）中说，这个词的使用方式，与用ludibunda[4]、ridibunda和errabunda来表示ludens、ridens和errans相同。（3）然而，泰伦提乌斯·斯

---

1 即德基穆斯·拉贝里乌斯，参看本书第1卷第7章注。

2 即卢基乌斯·科尔内利乌斯·西塞那，参看本书第9卷第14章注。

3 即卢基乌斯·凯色尔里乌斯·温德克斯，参看本书第2卷第16章注。

4 ludibundus为阳性，ludibunda为阴性。通常以-bundus结尾的词具有和现在分词相同的效用，表示动作的持续。据牛津拉丁语词典，-bundus源来自bhu-，词尾如动形词，构成主动意义的动词性形容词。

考鲁斯（Terentius Scaurus）[1]，神圣的哈德良时期最著名的语法学家，在其《论凯色尔里乌斯之谬误》中除了论及其他问题，还写道他在这个词上也犯了错，即他认为 ludens 和 ludibunda、ridens 和 ridibunda、errans 和 errabunda 是相同的。斯考鲁斯说："因为，ludibunda、ridibunda 和 errabunda 是用来指那种女人，她扮演或者模仿游戏者、嬉笑者或者迷失者。"

（4）然而是何理由促使斯考鲁斯去指责凯色尔里乌斯，我确实无从得知。毫无疑问，这些词，按其种类，仅仅表示它们从其派生而来的那些根词所表达的含义。然而我宁愿被视为不知何为"扮演游戏"或者"模拟游戏"，也不愿指责斯考鲁斯自己所知不多。（5）斯考鲁斯倒是应该在批评凯色尔里乌斯的笔记时，探究被其所忽略、未曾提及的东西，或如 ludibundus 与 ludens，ridibundus 与 ridens，errabundus 与 errans 之间，以及其他相似的这类词的中间，是否有什么细微差别；或如它们与根词之间是否有些细小差别，以及加于这类词尾端的后缀究竟有何意义。（6）事实上，在这种对词形的讨论中，这一点是更应该探究的，比如，人们通常探究在 vinulentus，lutulentus 和 turbulentus 这些词中，后缀是否空洞而无意义，是属于那种希腊人所称的 παραγωγή（词形变化），抑或这个后缀拥有它自己的含义。[2]

（7）可是当我记下斯考鲁斯的这些批评时，我想起了西塞那在其《历史（Historiae）》第 4 卷中这样使用了同一种形式的词，他说："他一路蹂躏疆土（populabundus agros），抵达城市。"[3] 这自然是指"当他蹂躏疆土之时"，而非像斯考鲁斯用非常相似的话所说的"当他扮演或者模仿蹂躏者时"。

1 昆图斯·泰伦提乌斯·斯考鲁斯（Quintus Terentius Scaurus）是《语法学（Ars Grammatica）》的作者。著有有关贺拉斯、维吉尔的《埃涅阿斯纪》以及普劳图斯的评注。

2 后缀 lentus 用来和名词构成表示充满什么或者倾向于什么的形容词。

3 populabundus 在此处具有一种真实的动词含义，因为它带有一个宾格名词（agros）。

（8）而当我们问及，这类形式的 populabundus，errabundus，laetabundus，ludibundus 以及许多其他此类词汇到底有怎样的解释和起源时，我们的阿波利纳瑞斯（Apollinaris）[1]一针见血地说，在他看来，这类词用以结尾的这个后缀，表达了根词词义的威力和丰富[2]、乃至富饶。于是，laetabundus 用来指人满怀喜悦，而 errabundus 则是指人长久而繁复地漂泊，他说明所有这种形式的词都是如此使用，即这个后缀和词尾表现了充裕满溢的威力和富饶。

维吉尔像　雕塑

维吉尔（公元前 70 年—前 19 年），是古罗马奥古斯都时期最重要的诗人。其代表作是史诗《埃涅阿斯纪》。

1　即盖乌斯·苏尔皮基乌斯·阿波利纳瑞斯（Gaius Sulpicius Apollinaris），参看本书第 2 卷第 16 章注。

2　苏尔皮基乌斯·阿波利纳瑞斯的这一解释显然基于这个词尾 -bundus 与副词 abunde（充分、富饶）的相似，这并不正确。不过形容词的 -bundus 词尾可能因其罕见、长度和发音而具有加强的含义。

第 16 章

某些希腊词译成拉丁语非常困难，譬如，希腊语中所说的 πολυπραγμοσύνη（好管闲事）[1]。

（1）我们经常关注为数不少的事物名称，它们不像希腊语一样用单个词来表达，即使我们用好几个拉丁语词来称呼这些事物，也不能表达得像希腊人使用单个词那样清晰而恰当。（2）就在最近，我得到了一部普鲁塔克的书，读到此书的书名是《论多事（Περὶ Πολυπραγμοσύνης）》[2]，某位对希腊字母和词汇一无所知者问，此书由谁所撰，所论何事？作者名字我倒是立即告知了，但所论之事，我却踌躇而不敢言。（3）确实，因为我一开始就认为，若是说此书写的是《论事务繁忙（De Negotiositate）》，译法不甚恰当，所以决定考虑另一种方法，即所谓的词对词翻译。（4）我完全不记得见过这样的词，而且，即便我有意生造，也绝对无法用 multitudo（众多）和 negotium（生意）组合成一个不至过分粗

1　Πολυπραγμοσύνη 一词大致有两个含义：1. 爱管闲事；2. 求知欲。

2　此书的传统拉丁文名称是 De Curiositate(《论好奇心》)，普鲁塔克本人如此定义："πολυπραγμοσύνη 是指想要获得对他人不利的能力的欲望，是一种出于嫉妒和恶意的嗜好。"这特别是指以不得体的方式插手别人的事情，而非革利乌斯所认为的忙于事务。

砺难听的词，就像我们所说的multiiugus（驾多马者）、multicolorus（多色的）和multiformis（多种形状的）那样。（5）然而这种说法，其粗俗毫不逊于你试图用单个词来翻译πολυφιλία（朋友众多），πολυτροπία（多才多艺）以及πολυσαρκία（多肉）。（6）因此，沉思片刻之后，我最终回答，在我看来，此事无法用一个词来表达，因而，我准备用一段话来表示这个希腊词的含义。

我说："希腊语πολυπραγμοσύνη表示承担许多事务以及处理所有这些事务，此书名指出本书论述此事。"（7）于是这个无知之徒被我的混乱无章的话语所误导，认为πολυπραγμοσύνην是种能力，他说："这个普鲁塔克，无论他是谁，肯定是劝告我们应当勤奋而快速地处理事务、从事大量工作；而如你所说，他将他所要谈论的这种能力的名称题在书前，这并无不当之处。"（8）我说："完全不对，因为由此书的希腊语书名所表示的主题根本不是这种能力，你所以为的事情，既非我之所欲说，也非普鲁塔克之所为。实际上，在此书中，他竭其所能告诫我们远离因如此大量的事务所导致的多变、混杂而无必要的思考和渴求。（9）然而，"我说，"我知道，你的这个错误当然是因为我的不善辞令所致。在希腊语里，用一个词可以非常完美而清晰地表达的意思，我却无法用许多词说得清清楚楚。"

第 17 章

古代大法官告示中的“那些持有河道清除（flumina retanda）公共合同者”所指何意。

（1）当古代大法官的告示落到我手中时，我恰好坐在图拉真（Trajanus）[1]神庙的图书馆[2]里，寻找着其他的书。我乐意阅读且了解之。（2）而后我发现有个告示（edictum）[3]中如此写道：“那些持有河道清除（flumina retanda）公共合同者，若其中有人因为未按照合同做他该做之事而被传唤到我庭上，他将受到指控。”（3）于是有了问题：什么是 “清除（retanda）”？

（4）此时同座的我的一位朋友说他曾在加维乌斯（Gavius）[4]的《论词源（De Origine Vocabulorum）》第 7 卷中读到过，

1 马尔库斯·乌尔皮乌斯·涅尔瓦·图拉真（Marcus Ulpius Nerva Traianus，公元 53 年—117 年），第一个出生于非意大利地区的罗马皇帝。公元 91 年被任命为罗马执政官之前，一直在亚欧两洲指挥罗马军团。公元 97 年他被涅尔瓦（Nerva，公元 96 年—98 年在位）指定为继位人。98 年继位。

2 即设于图拉真广场的乌尔皮乌斯图书馆（Bibliotheca Ulpia），包括两个馆，一个藏希腊文书籍，一个藏拉丁文书籍。

3 参看本书第 10 卷第 15 章注。

4 加维乌斯·巴苏斯（Gavius Bassus），西塞罗时期的一个拉丁语语法学家。

retas 用来称呼那些从河畔伸出或者从河床刺出的树木，它们也被称作 rete（网），因为经过的船舶被其缠住，如同被网所获；因而他认为，通常会招标河道 retanda，即河道清理，以免船舶碰到这些灌木丛时，遭遇耽搁或者危险。

复仇女神的追捕
〔法〕威廉·阿道夫·布格罗（1825—1905）

第18章

雅典人德拉古（Draco）[1]在其为雅典人民制定的法律中，为窃贼规定了何种处罚；后来的梭伦（Solon）[2]以及我们制定《十二铜表法（Duodecim Tabulae）》[3]的十人团又作了何种规定；就此还写道，在埃及人那里，偷窃是合法的，被许可的；而在拉刻代蒙人（Lacedaemonius）[4]那里，此术则得到热心的学习并付诸实用的操练；此外还有马尔库斯·加图关于惩罚偷窃的一句值得纪念的话。

（1）雅典人德拉古被认为是个优良之士，知识渊博，精通于神明与人类之法律。（2）此德拉古为所有人中首位制定希腊人所应用的法律的人。（3）在那些法律中，他规定了以任何形式

1　德拉古（Draco，活动时期约公元前7世纪），雅典立法者，生平不详。所制定的法典（公元前621年）极为残酷，规定罪无论轻重，一律判处死刑。梭伦废除其中的所有条文，只保留有关谋杀的部分。

2　梭伦（Solon，公元前630年？—前560年？），雅典政治家、改革者、诗人，希腊七贤之一。公元前594年左右任雅典的执政官，约20年以后获得作为改革家和立法者的充分权力。他终止了世袭贵族的统治，废除对血统的要求，允许所有取得一定财富的公民参与政务。他用更为人性的法律取代德拉古法典，释放了因债务被卖身为奴的公民，赎回他们的土地，鼓励职业化，改革货币以及度量衡制度。

3　参看本书第6卷第15章注。

4　即斯巴达人。

行窃的窃贼将被处以死刑，还制定了许多其他非常严厉的法令。（4）因此，他的法令，由于显得过于严酷，雅典人民不是以决议和法令的形式，而是以默认和非书面认可的方式予以废除。（5）此后他们采用由梭伦制定的其他更加温和的法律。此梭伦是七贤[1]之一。在他的法律中，他判定，对于窃贼应当处以双倍的罚金，而非如之前的德拉古那样处以死刑。

（6）在王被驱逐之后，我们的十人团在《十二铜表法》中制定了罗马人民所应用的法律，对于惩罚所有种类的窃贼，既未采取同样的严刑峻法，也未采用过于温和宽厚之策。（7）因为他们准许[2]处死行窃现场被抓的窃贼，只要他是在夜间行窃，或者他虽在日间行窃，但在被抓时手持武器拘捕。（8）然而他们命令，现场抓获的其他窃贼中的自由人，只要他们是在日间行窃并且不曾持武器拒捕，将处以鞭笞，并且交给受窃者[3]，同样在行窃现场抓获的奴隶则处以鞭刑并且从岩石上抛下[4]，不过他们决定未成年的少年应该根据大法官（praetor）[5]的裁定处以鞭刑并且赔偿其所造成的损失。（9）同样，通过搜查[6]发现赃物的行窃，他们按与现场抓获者一样惩办。

（10）但如今人们已经放弃了十人团的法律。因为，如果有人有意通过法律和程序来起诉现场抓获的行窃，诉讼将以四倍赔偿进行。（11）而按马苏里乌斯（Masurius）[7]的话："现场抓获的行窃

---

1 参看本书第 1 卷第 3 章注。

2 见《十二铜表法》第 8 表第 12 ~ 14 条。

3 成为受窃者的奴隶，直到偿清损失。

4 指卡皮托利山上的塔尔佩乌斯崖（Tarpeius Mons）。

5 praetor 一词此时还是指两位最重要的行政官，相当于后来的执政官（consul）。到了共和国中期，大法官的权力仅限于法律和司法，原来拥有的军事指挥权则由执政官接掌。

6 "搜查"原文是"per lancem liciumque"。搜查者身上只束条带子（licium），免得被疑携物进屋用于栽赃；因屋中有女眷在场，还需手持打了孔的盘子（lanx）挡脸。

7 即马苏里乌斯·萨比努斯（Masurius Sabinus）。参看本书第 3 卷第 16 章注。

指行事时被发现的偷窃。当物品被带到想要带去的地方时，则行窃业已结束。”(12)失物被查获到(conceptum)，以及转移(oblatum)[1]者，按三倍赔偿。

然而，谁想要细读何谓“转移（oblatum）”，何谓“被查获（conceptum）”以及其他许多与此事有关、源自古代优良惯例、受之有益而知之可喜的种种说法，他就会找到萨比努斯名为《论偷窃（De Furtis）》的书。（13）在此书中也写到了人们通常想象不到的事，成为贼赃的不仅是人或能够移动的物品，此两者均可被窃取且偷偷带走，而且还有土地和房屋；一个农夫被控偷窃，他将租来的田地卖掉，偷走了主人的所有权。（14）萨比努斯还讲述了一件非常难以想象的事，一人被判为窃人犯，当一个逃奴意外经过主人眼前时，他假装正在披上托加袍，用其罩住逃奴，以此避免让主人看见。

（15）然后，对其他所有被称为“非现场抓获”的行窃，他们处以两倍罚金。[2]（16）记得我还曾在绝非不学无术的法学家阿里斯托（Aristo）[3]的书中读到，如众所周知，古代埃及人显然是一个精巧于发明技艺、机智于发现万物知识的民族，在他们那里，偷窃得到许可而且不受惩罚。

（17）而在理智而勇敢的拉刻代蒙人那里，这件事的证据不像埃及人的那么久远，为数不少而且名气不小的作者们写下了有关拉刻代蒙人的习惯和法律的记录。他们说，行窃是他们的权利和习俗，他们的年轻人操练此术，不是为了肮脏的收益，也不是为了给情色之欲谋取资费，或者积聚财富，而是作为战争的练习和训练来进行，

---

1 《盖尤斯法学阶梯（Gai Institutiones）》第 4 篇第 173 条：“现场抓获的行窃四倍罚金，非现场抓获双倍罚金，查获赃物和转移赃物三倍罚金。”《查士丁尼法学总论（Institutiones Justiniani Institutiones）》第 4 卷第 1 篇第 4 条：“oblatum 是指某人收到盗贼所窃之物且在其住处被查获，尤其指转移的意图是：即便被查获，也会是在他人之处而非在盗贼之处。”

2 见《十二铜表法》第 8 表第 16 条。

3 提图斯·阿里斯托（Titus Aristo），图拉真时期一位富有声望的罗马法学家。

因为这种偷窃的技巧和熟稔能够磨练与加强少年的心智，以掌握布设陷阱的机巧、熬夜不眠的耐力、偷袭潜行的速度。

（18）但是，马尔库斯·加图在其《论在士兵中分配战利品（De Praeda Militibus Dividenda）》的演说里用激烈而出色的言辞控诉了不受惩罚的盗窃公物和肆意妄为。这些话，让我非常喜欢，所以抄录如下。他说："偷窃私物的小偷在桎梏镣铐下苦度光阴，偷盗公物的盗贼在金器和紫袍中乐享年华。"

（19）我认为我不应当漏掉最有智慧的人为"偷窃"所下的纯正而谨慎的定义，以免有人会认为窃贼只是指悄悄拿走或者暗中攫取物品的人。（20）萨比努斯在其《市民法（Jus Civile）》第二卷的话如下："动他人物品者，若他理当知道他的行为违背主人的意愿，被判定为偷窃罪。"（21）同样在另一章里："出于牟利目的将他人弃置的物品拿走者，犯偷窃罪，无论他是否知道这是谁的物品。"

（22）这就是萨比努斯在我刚才提到的这本书中所写的出于偷窃目的而动他人物品。（23）不过，根据我上面所述，我们应该记得，即使不用动手也可构成盗窃罪，只要花费了心思和谋虑于此事，便犯下了盗窃罪。（24）因此，萨比努斯说，毋庸置疑，命令他的奴隶去偷窃的主人应当被判处盗窃罪。

第12卷

时间总是遍观万事又遍听诸有，

它披露一切，你不该有所隐瞒。

第 1 章

哲学家法沃里努斯的论说，在其中他规劝一个贵族妇女，用自己的而非她人的乳汁，来喂养她所生育的子女。

（1）一次我们在场的时候，有人报信给哲学家法沃里努斯，说他的一位听众兼门徒的妻子刚刚生育，家中添了一子。（2）他说："我们去看看孩子，同时恭贺父亲。"[1]（3）此人元老级别，出身显贵家庭。我们这些当时在场者都一起动身，跟着法沃里努斯前往他所去的房子，并且和他一起进了屋。（4）在近门的房间里，法沃里努斯与那人拥抱并致祝贺之后坐下，而后询问临产时间多久，分娩如何困难。他得知少妇因劳累与不眠而精疲力竭，已经入睡，于是开始侃侃而谈："我不怀疑她会自己给儿子哺乳。"（5）然而，少妇的妈妈告诉他，说少妇必须免于此责，并且为婴儿请了乳母，以免在生产时所蒙受的苦痛之上增添繁重艰辛的哺乳之劳。这时，他说："我请求你，夫人，让她成为她自己儿子的完整而圆满的母亲。（6）这究竟算什么违背自然的、不完整的半个母亲呢，生下孩子而后立刻扔给他人？她用自己的血养育了腹中不可见之物，如

1 家庭中增添男丁会给父亲带来一些特权。

今，他活了，他成了个人，他哭求母亲的关怀，她却不打算以自己的乳汁去养育这个可见之人？”（7）他说：“你是否也认为，自然给予女人乳头，就如同迷人的胎痣，不是为了哺育儿女，而是为了点缀胸脯？（8）于是，许多奇特的妇人，当然你们不在此列，冒着让乳汁改道与毁坏的风险，努力让她们身体上这一最为神圣的源泉、人类的养育者干涸枯竭，仿佛它会使得她们美丽的标记变形。她们行事之疯狂，无异于那些竭力以邪恶手法让身上所怀的胎儿自行流产，以免她们平滑的腹部因此而起皱，因为孕育的负重及分娩的劳累而受到损害。[1]（9）既然，当人尚处在他的起点，尚在形成之中，尚在被赋予生命时，尚处在自然之灵巧手掌之中，将其杀死，理应受到民众的厌恶和普遍的憎恨，那么，当他业已获得人形，业已诞生，业已成为人之子的时候，夺走来自于他所习惯与熟悉的亲人的食物，与之又有多大差别呢？

（10）“确实有人说：‘只要有人喂养，能存活下来，用谁的乳汁又有何分别呢？’（11）说这种话的那个人，既然在捕捉自然的感觉方面如此迟钝，为何不同样认为，一个人，在谁的腹中孕育，靠谁的血液发育成形，也没有区别？（12）如今存于乳房的血，因为充足的气息和温暖转变成了白色，是否就和当时腹中的血不一样？（13）此事不也显见自然的机智吗？当血液这创造者在其密室形成了人的整个躯体之后，到了分娩时间，它移向上部，准备去抚爱生命和光明的开端，为新生的孩子提供熟悉而亲近的食物？（14）因此，人们并非毫无根据地相信，正如种子的力量与品质会造就身体与心智的相似性，同样，乳汁的本性和特质也有相同作用。（15）这不仅在人类身上观察到，在牲畜身上也是一样。因为，若是给山羊羔哺以母绵羊之乳，或者给绵羊羔哺以母山羊之乳，无疑前者的毛常常会变硬，后者的毛会变软。（16）同样，对

1　古罗马时代胎儿并非法律上的实体，除非父亲失去后嗣，否则堕胎不被视为犯罪。

于树木和庄稼来说，养育它们的水和土壤的强度和力量对于它们的品性的或损或益的影响，多于所播下的种子自身。你常可见到，茂盛而茁壮的树，移植到其他地方之后，会因为贫瘠土壤所提供的汁液而死去。（17）老天爷，这个新生儿出自天禀优良之种，为什么要用别人乳汁的杂乱低劣的营养来毁坏他的高贵的品德、躯体和心灵？尤其是，如果你将要用来提供乳汁的那个人是女奴或者奴隶之后人，并且按通常习惯，来自于异国蛮族；如果她品性不好，如果她长相丑陋，如果她轻薄淫荡，如果她嗜酒；因为通常人们惯于不加区别地使用正处于哺乳期的任何人。（18）难道我们要听凭我们这个婴儿受到致命疾病的感染，将出自最低劣的灵魂和躯体的气息引入他自己的灵魂和躯体？（19）赫拉克勒斯作证，这正是我经常惊讶的事，一些纯洁妇女的孩子在身体和心智方面都显得不似他们的父母。（20）所以我们的马罗巧妙而老练地模仿了荷马的下述诗句：

硬心肠的人啊，你不是车战的佩琉斯（Peleus）[1]之子，
也不是忒提斯（Thetis）[2]所生，生你的是闪光的大海，
是坚硬的巉岩，你的心才这样冷酷无情意！[3]

他不仅像他所模仿的诗人那样谴责了出身，也谴责了残酷而凶残的养育，他为自己的角色加上了这句：

许尔卡尼亚（Hyrcanaeque）[4]的老虎哺育了你。[5]

因为显而易见，在品性形成时，乳母的性格和乳汁的品质通常

1　佩琉斯（Peleus），或译珀琉斯。希腊神话中的阿耳戈英雄（Argonautae）之一。阿喀琉斯（Achilles）的父亲。

2　忒提斯（Thetis），古希腊神话中的海洋女神。阿喀琉斯的母亲。

3　荷马《伊利亚特》第16卷第33～35行。中译文据《罗念生文集》第五卷。

4　许尔卡尼亚（Hyrcania）是里海南岸的一个地区，今分属伊朗和土库曼斯坦，希腊人称里海为许尔卡尼亚海。

5　维吉尔《埃涅阿斯纪》第4卷第365～367行："忘恩负义的人，你的母亲不是什么天神，达达努斯也不是你的什么祖先，你是那冥顽巉刻的生出来的，是许尔卡尼亚的老虎哺育的。"据杨周翰译《埃涅阿斯纪》。

起着主要作用；乳汁虽则从一开始就包含父亲精液的成分，却也按照母亲的躯体和心灵来塑造新生儿。

（21）“除此之外，也有人可能忽略和无视此事，即，那些抛开自己的婴儿，将他们从身边送走，交由他人喂养者，确实切断或者软化削弱了天然地连接着亲子间心灵与情感的联系与纽带。（22）因为，当婴儿离开母亲的视线，交付他人之时，母亲激情的能量缓慢而逐渐地消解，一切由急不可耐的焦虑引起的喧闹归于沉默，儿子送给别人喂养所造成的遗忘，无异于因死亡而丧子。（23）而且，婴儿自己的喜爱、钟情和依恋的情感都被喂养者一人所独占，因此，如同被遗弃[1]时所发生的情况，他捕捉不到其生母的任何情绪和她的思念。因此，当天生亲情的基础被遗忘被摧毁时，无论如此养大的孩子看起来多么爱他的父母，很大程度上这种爱都不是出于自然，而是出于礼貌与客套的。”

（24）我听见法沃里努斯用希腊文说了这番话。为了公共的利益，我尽我记忆所及将他的观点记录于此。他言辞之优美、丰富与充沛，任何拉丁语的雄辩都难以企及，更何况我才浅识薄。

1 当时婴儿出生后，如果父母不要，可以合法遗弃，许多弃婴成为奴隶。

第 2 章

安奈乌斯·塞内加（Annaeus Seneca）[1] 对于昆图斯·恩尼乌斯和马尔库斯·图利乌斯[2] 的评价是轻率且无益的。

（1）一些人认为安奈乌斯·塞内加是甚为无用的作家，他写的书不值得一看，因为他的言语平庸陈旧，主题和观点或者具有愚蠢而空洞的气势，或者具有轻飘的、律师般的精巧，而他的学识市井而凡俗，没有任何来自古代作家的优美和尊荣。[3] 而另一些人并不否认他的措辞缺乏优雅，但却表示他对于所述及的事物并不缺乏知识和学问，说他对于风俗中恶习的猛烈严厉的批判不乏魅力。（2）对我来说，无需对他的才智和作品进行整体性的评价和判断，还是让我们来思考下他对于马尔库斯·西塞罗、昆图斯·恩

1　卢基乌斯·安奈乌斯·塞内加（Lucius Annaeus Seneca，公元前 4 年—公元 65 年），即小塞内加，古罗马哲学家、政治家和剧作家。约公元 31 年开始在罗马从事政治和法律工作。曾担任过皇储尼禄的老师。公元 54 年—62 年间是罗马最主要的知识分子，非常多产的作家。撰写过一些哲学著作，包括《致卢齐利乌斯道德书信（Ad Lucilium Epistulae Morales）》。还创作过一系列以暴力和流血为特征的诗体悲剧。

2　指西塞罗。

3　卡利古拉（Caligula）说塞内加的文章只不过是演说练习，他的风格是不含石灰的沙子。据苏埃托尼乌斯《十二凯撒传·卡利古拉》第 53 节。

尼乌斯和普布利乌斯·维吉尔（Publius Vergilius）[1]的评论是怎样的吧。

（3）在写给卢齐利乌斯（Lucilius）[2]的《道德书信（Epistulae Morales）》第22卷中，他说昆图斯·恩尼乌斯所写的关于古代的凯泰古斯（Cethegus）[3]的这些诗句是可笑的：

他的同乡人，那些当时依然健在、
依然享受着生活的居民曾经称他
民众选中之花、说服力（Suada）[4]之精华。[5]

（4）然后他就这些诗句如此写道："我很惊讶，那些喜欢恩尼乌斯的最雄辩的人们竟然称赞这些可笑的诗句是他的最佳之作。至少，西塞罗将它们列入诗人的佳句之中。"[6]（5）接着他如此谈论西塞罗："我并不惊讶，有人写下这些诗句，就会有人称赞；除非最伟大的演说家西塞罗是在为自己辩护，希望让自己的诗句显得优美"。（6）之后他又十分愚蠢地加上这句："在西塞罗自己的作品中，即便是在他的散文中，你会发现一些东西，从中你可明白他读恩尼乌斯并非白费精力。"（7）而后，他列出西塞罗著作中一些他指责为来自恩尼乌斯的内容。如在《论共和国（De Republica）》中西塞罗如此写道："如同拉刻代蒙人墨涅拉俄斯（Menelaus）拥有一种语言甜美的魅力。"[7]在另一处他说："他

1　参看第1卷第21章注。

2　即小卢齐利乌斯（Lucilius Junior，活动于公元1世纪），尼禄时代曾任西西里的总督，小塞内加的朋友。

3　马尔库斯·科尔涅利乌斯·凯泰古斯（Marcus Cornelius Cethegus，？—公元前196年），公元前209年任监察官，前204年任执政官。作为一个演说家而具有盛名。恩尼乌斯称他为说服力之精华。

4　Suada原意为说服力女神。

5　恩尼乌斯《编年纪》第9卷第306～308行。

6　西塞罗在《致马尔库斯·布鲁图斯（Ad M.Brutum）》第58节中讨论了这几行诗，认为是对雄辩的最高赞美。

7　《论共和国》第5卷第9章第11节。

致力于言语的简练”。[1]（8）而后，这个牛皮大王为西塞罗的错误辩解，说道“这并不是西塞罗的过错，而是时代的过错；当你读那些诗时，必须这么说”。（9）他接着说道，西塞罗援引这些诗句，是为了免受行文过于华丽精美的指责。

（10）在同一处他还就维吉尔如此写道：“我们的维吉尔也引用了一些生涩、不合韵律、拖着多余的音节的诗句，其目的不外乎让恩尼乌斯的仰慕者们能在新诗中感受到某种古风。”

（11）但是我已经对塞内加的言语感到厌烦；虽则如此，但我还是不会放过这个粗俗愚蠢之人的笑话：他说，“昆图斯·恩尼乌斯的诗句拥有某种甚为强大的思想，以至于虽则写作于带着羊骚味的人群[2]中间，却能够取悦抹香膏的读者”。接着，在批评了我上面引用的有关凯泰古斯的诗句之后，他说：“你显然知道，哪些人若喜欢这种诗句，这些人就会赞美索泰利库斯（Sotericus）[3]的床榻”。

（12）看起来塞内加真是值得年轻人的阅读和喜爱，他居然将古代作品的优美与风格和索泰利库斯的床榻进行比较，意思是它们了无美感、遭人摒弃与鄙夷！（13）不过你还是听我把同一个塞内加讲得很精彩的几句话回顾并且复述一下，比如他说吝啬、贪婪、爱财如命的人：“你拥有很多又有何用？你没有的还要多得多”。（14）说的好吗？当然很好。但说得好的话给年轻人的天性带来的裨益比不上说得糟的话带来的损害；若是糟的部分更多，而且一些说得糟的话并非充当一些零碎琐事的论证，而是作为两难之事的指引，则情况更为严重。

1 《论共和国》第5卷第9章第11节。

2 似指不常洗澡的穷人。富人会经常洗浴，浴后在身上涂上香膏。恩尼乌斯生前生活一直清贫，住在罗马的平民区。

3 显然是指某个技艺不精的工匠。

第 3 章

"lictor"一词是如何形成和起源的；以及瓦尔吉乌斯·鲁福斯（Valgius Rufus）[1]和图利乌斯·提罗（Tullius Tiro）[2]关于这个问题的不同看法。

（1）瓦尔吉乌斯·鲁福斯在名为《论书信探事（De Rebus per Epistulam Quaesitis）》第 2 卷中写道，lictor 一词源自 ligo（捆绑），因为在罗马人的行政官下令用棍棒抽打某人时，他的手和脚通常都会被信使（viator）[3]绑起来；那些在信使的团体中承担捆绑

1　盖乌斯·瓦尔吉乌斯·鲁福斯（Gaius Valgius Rufus），拉丁诗人，贺拉斯的朋友，公元前 12 年的补缺执行官。

2　参看本书第 1 卷第 7 章注。

3　viator 是行政官的信使，主要功能是召唤人到行政官的面前，比如通知住乡村的元老参加会议，驱散行政官前的人群。还有一个功能类似于法警，根据行政官的命令在行政官面前缉拿罪犯、没收财产甚至拘捕反抗的政治对手。最后一个功能对于平民保民官特别有用。因为他们不像执政官和大法官，没有配备扈从。

职责的人，就叫做“扈从（lictor）”[1]。就此事，他还使用了马尔库斯·图利乌斯的证据，援引了题为《为盖乌斯·拉比利乌斯辩护（Pro C. Rabirio）》的演说中的话：（2）“扈从，绑起他的手。”[2] 瓦尔吉乌斯如此说。

（3）我们当然同意他的说法。但是马尔库斯·西塞罗的被释奴提罗·图利乌斯写道，lictor 或者来自于 limus[3] 或者来自于 licium（带子）：“因为，那些伺候行政官的人束着被称为 limus 的横腰带（licium transversum）。”

（4）然而，lictor 和 licium 的第一个音节都是长音，而在 ligo 这个词中的第一个音节是短音，如果有人据此而认为提罗说得更合理，他的想法与此事无关。因为从 ligo 到 lictor，从 lego 到 lector，从 video 到 vitor，从 tueor 到 tutor，从 struo 到 structor，原来的发短音的元音都延长了。

1 lictor 则是执政官和大法官的扈从和仪仗队，前者配 12 位，后者配 6 位。高官出行时，他们肩负法西斯束棒（fasces）在前开道，同时也实施高官逮捕与传唤的命令。“固有殖民地尤利乌斯法（Lex Coloniae Genetivae Juliae）”中提到，殖民地双行政长官所配的文书（scriba）薪水 1,200 塞斯特尔提乌斯，侍从（accensus）700，扈从 600，信使 400，抄写员（librarius）300，内脏占卜师（haruspex）500，公告员（praeconium）300。从中大致可以看出各种官吏的级别次序。

2 《为盖乌斯·拉比利乌斯辩护》第 13 节。

3 祭司或者行政官的侍从围在腹部的镶紫色边的腰带或者围裙。

第 4 章

引自昆图斯·恩尼乌斯《编年纪（Annales）》第 7 卷的诗句，其中描写与定义了地位卑下的人面对身份优越的朋友时的品性与谦和。

（1）昆图斯·恩尼乌斯在《编年纪》第 7 卷中讲述显贵之人盖米努斯·塞尔维利乌斯（Geminus Servilius）[1] 故事时，十分精巧而优雅地叙述与定义了作为一位出身与地位均优越者的朋友，需具备怎样的禀赋、友善、谦逊、忠实；慎于言辞，谈吐得当；掌握关于古代历史与新旧习俗的知识，持有保守与维护秘密的谨慎。总之，需拥有怎样的种种缓和、补救、慰藉之术来减少生活中的烦恼。[2]（2）我认为这些诗句和哲学家们关于职责的法则一样，值得频繁而经常的记取。（3）此外，在这些诗中，有着某种古老的风格如

1　格奈乌斯·塞尔维利乌斯·盖米努斯（Gnaeus Servilius Geminus，？一公元前 216 年），第二次布匿战争中的罗马统帅。公元前 217 年任执政官，同年 3 月指挥军队驻扎在阿利米努姆（Ariminum），抵抗汉尼拔的军队，而后指挥罗马舰队从事海岸防卫和海战。同年 11 月重新指挥罗马军团与汉尼拔的队伍进行小规模战斗。同年 8 月在坎尼（Cannae）战役中阵亡。

2　"减少生活中的烦恼（ad minuendas vitae molestias）"一语出自西塞罗的《论善恶之界限（De Finibus Bonorum et Malorum）》第 1 卷第 51 节。

此令人敬仰，某种愉悦如此纯正，如此远离各种虚饰夸张。依我看来，确实应该将它们当作古老与神圣的友谊法则，来奉行、牢记与尊崇。因此我认为当抄录于此，（4）以备有人立刻想读：

说完此话他召来一个朋友，每当他
在宽阔的广场与德高望重的元老院
处理国家重要事务、尽心出谋划策，
因一天的操劳感到疲惫，他总乐意
和他共享餐宴，亲切地谈论家常；
对密友他畅言大事小事还有笑话，
说出万般心事休管道来是否高尚，
若是他愿意，便可放心地诉说衷肠；
与其为伴他欢快愉悦无论人前人后；
没啥念头能诱使这人的个性偏离正道，
犯下错事儿轻浮而胡闹；他博学忠诚，
儒雅又能言善道，知足而心情愉快，
机智的他总能择时说话，妥当而简略，
他知道许多古代事迹人们早已遗忘，
还熟悉风俗习惯无论从前还是今天，
以及众多先人的法律与神和人有关，
听到的话当讲还是不当讲他明明白白，
塞尔维利乌斯在争斗的间歇这样和他谈天。

（5）人们说卢基乌斯·埃利乌斯·斯提罗（Lucius Aelius Stilo）[1] 常说昆图斯·恩尼乌斯此处写的正是他自己，所描绘的是他自己的风格与品性。

1 参看第1卷第18章注。

第 5 章

哲学家陶洛斯（Taurus）[1]关于按照斯多葛学派的原则来忍受痛苦的方式方法的谈话。

（1）当哲学家陶洛斯要去往德尔斐（Delphi）[2]观看皮托竞技会（Pythia）[3]以及几乎全希腊的聚会时，我们也陪同前往。旅途中我们来到了莱瓦贾（Lebadia）[4]，这是波奥提亚（Boeotia）地区[5]的一个古老城镇。在那里，陶洛斯得到消息，他的一个很有名望的斯多葛学派哲学家朋友因疾病的攻击而卧床不起。（2）陶洛斯不顾原本匆忙的旅行，离开马车，立刻动身去看他，我们则依照习惯

1 卢基乌斯·卡尔维努斯·陶洛斯（Lucius Calvenus Taurus，希腊文名 Λούκιος Καλβῆνος Ταῦρος），又名 Calvisius Taurus。生活于 2 世纪，居住在雅典的柏拉图派哲学家。革利乌斯的哲学老师。

2 德尔斐（Delphi）希腊古代神庙所在地，也是阿波罗神谕的发布地点。位于帕尔纳索斯山（Mount Parnassus）低处陡坡之上，是古希腊宗教中的世界中心。公元前 582 年起皮托竞技会每 4 年在该地举行一次。人们不仅为私事求祷于神谕，遇有国家大事也来问卜，如开拓新的殖民地。

3 皮托竞技会（Pythia），每四年在德尔斐举行一次的纪念阿波罗神的赛会，始于公元前 586 年。有竞技、音乐、戏剧、诗和散文等项目。

4 莱瓦贾（Lebadia，古希腊语 Λεβάδεια），地处雅典西北方 130 公里处的一个山谷中，周围群山环绕。

5 参看第 3 卷第 3 章注。

跟随他前去。当我们走进那病人的房间时，我们看到了一个遭受腹部疼痛折磨的人，这个部位希腊人称之为结肠（κόλον），同时，他还受到高烧的侵袭；冲口而出的强忍的呻吟和从他胸中吐出的呼吸和气息所展现的，与其说是痛苦，倒不如说是对痛苦的抗争。

（3）而后，陶洛斯不仅召来医生，与之讨论治疗措施，还在见证了病人的忍耐力之后，鼓励他保持耐心。然后我们回到马车和旅伴那里。“你们看到的，”陶洛斯说，“确实不是什么美好的场面，但让你们见识到，哲学家是如何与痛苦相遇并且战斗的。自身的疾病的力量与本性给身体带来破坏和折磨，而同属自身的灵魂的理智与本性则与之针锋相对：它们承受着，并且遏抑与控制住脱缰的苦痛的那份肆虐。他没有发出任何哀号、任何埋怨，也没有什么不体面的话语；出现的，正如你们所见，只有德行与肉体为控制人而战斗的一些迹象。”

（4）这时，陶洛斯的门徒中一位勤勉于哲学学问的年轻人说道：“如果疼痛带来的痛苦如此强烈，以至于与意志以及灵魂的判断相违抗，迫使人不情愿地呻吟，并且承认肆虐的疾病之邪恶，为什么斯多葛派哲学家会称疼痛是不好不坏的，而非恶的呢？再者，既然斯多葛派哲学家们说，痛苦不会逼迫人，而智者无法被逼迫，为何一个斯多葛派的人会在某种情况下受到逼迫，或者说痛苦可以逼迫他呢？”

（5）听了此话，陶洛斯面上多了些喜色，看起来因这个问题的魅力而感到开心：“如果我们的这位朋友身体健康些的话，那他就会面对指责为这种不可抗拒的呻吟进行辩护，而且，我认为，会为你解答这个问题。不过你知道，我和斯多葛派哲学家，或者不如说与斯多葛派的观点并不完全一致。因为，在很多问题上，斯多葛派哲学与我或者与它自身都不一致，正如我就这一主题所写的书[1]中所阐释的那样。”（6）但是为了让你满意，我将“比较浅显而

1 书名为《论斯多葛派的不动情感（Περί τῆς ἀπαθείας τῶν Στοϊκῶν）》。

直白地”，如人们所说的那样，讲解一下那些在我看来若是某个斯多葛派哲学家现在在场的话，会讲得更加艰深而精巧的东西。我相信，你一定知道那句古老而广为传颂的话：

ἀμαθέστερόν πως εἰπὲ καὶ σαφέστερον λέγε

请别说得那么高深，说明白点[1]。

以此为开端，他对这一生病的斯多葛哲学家的痛苦和呻吟做了这样的分析：（7）“那生（gignere）我们的大自然在我们出生的那一刻，将我们对自己的爱和依恋镶嵌种植在我们身上，总而言之，没有任何东西比我们自己更加可爱更加珍贵，并且这也被看作是保障人类连绵不绝的基础。当我们中的每个人在降生于光明的这一刻，就首先获得了这些东西[2]的感觉与感受，即古代哲学家所称的‘自然之初感（τὰ πρῶτα κατὰ φύσιν）’。他自然会对让自己身体舒适的一切感到愉快，回避那些让他感到不适的一切事物。之后，随着年纪的增长，理智、采用建议的思考、对荣誉与真正的利益的深思，以及，对利与弊的更加细致可靠的选择，诸如此类，便会萌发生长；于是，体面与正派的尊严变得耀眼夺目，胜过其他一切，若是某种外在的不利阻碍了对这种尊严的保持与坚守，就会受到唾弃。除了正派，别无其他被视为真实纯正的善，除了可耻之事，别无其他被视为恶[3]。余下的所有那些位于中间，既不正派，又不可耻的事物，就被确定为非善非恶。[4]而近善（productiones）[5]和近恶（reiectiones）[6]，他们自己称之为 προηγμένα 和 ἀποπροηγμένα 者，

1 阿里斯托芬（Aristophanes）《蛙（βάτραχοι）》第1445行。罗念生的中译文作：“请你讲明白一点，少卖弄一点聪明。”

2 指的是爱和珍重。

3 西塞罗的《论善恶之界限（De Finibus Bonorum et Malorum）》第3卷第50节：“唯正派者方为善，唯可耻者方为恶（id solum esse bonum，quod esset honestum，et id malum solum，quod turpe）。”

4 请参考本书第1卷第2章第9节及第2卷第7章第18节。

5 斯多葛派指介于善和平庸之间的事情。

6 斯多葛派指介于平庸和恶之间的事情。

则均按其自身的分量得到区分和辨别。这样，快乐和痛苦，就幸福快乐地生活这一目的本身而言，便处在一种中间状态，既不归入善，也不归入恶。（8）但因为人刚一出生，在明智和理性产生之前，便浸淫于最初的对痛苦和快乐的感知之中，出于本性亲近快乐，而对痛苦，则如对某个凶恶的敌人那样避而远之；所以，后来加入的理性是几乎无法根除与消灭这些最初植入深处的感受的。可是理性总是要和这些感受战斗，并在它们发作时，抑制与粉碎它们，迫使它们对自己俯首帖耳。（9）所以，你们看到了这个哲学家依仗他的原则的方式与疾病的暴虐及痛苦的发作来作抗争，不作退让，不动声色，不像很多人在遭遇痛苦时会做的那样，哀嚎、恸哭、诉说自己的悲惨与不幸，而仅仅发出粗重的呼吸和沉重的呻吟，这些迹象和表现所反映的，并非被痛苦所战胜与制服，而是在努力战胜与制服痛苦。”

（10）“不过，”他说，“也许有人会说，他与痛苦抗争，他因痛苦呻吟，若痛苦不属于恶，又何必呻吟和抗争呢？”这是因为，并非所有非恶的东西也就是全然没有麻烦的，很多事物确实没有很大的危害与灾难，因为它们不属可耻之类，[1]但它们仍然作为自然本身的某种难以理解却又不可避免的结果与自然的温和与柔顺相抵牾与对立。智者自然可忍耐与承受它们，却无法将它们完全排除在自己的感觉之外。至于“无感觉”（ἀναλγησία）和“不动情感”（ἀπάθεια），不仅在我看来，就连同样来自斯多葛派的智慧之士，例如严肃而有学问的帕奈提乌斯（Panaetius）[2]也同样认为，都是不当赞许、应该摒弃的。

（11）“但是，为什么一位据说‘不会受逼迫’的斯多葛哲学家却会被迫违背他的意愿而呻吟呢？当智者处在可以保持理性的状

1　即它们与罪过无关。

2　帕奈提乌斯（Panaetius，公元前 185 年—前 109 年），来自罗得岛（Rhodes）的斯多葛派哲学家，从公元前 129 年起成为斯多葛哲学学校的校长。

态时，他确实不会受逼迫；然而当自然来逼迫他时，作为自然馈赠之物的理性也受到逼迫。如果愿意的话，你也可以问一下，当别人突然把手戳向某人的眼睛时，他为何会不情愿地眨眼？当天空中因投下闪电而发亮时，人为何会不自愿地低下头闭上眼？当雷声变大时，人为何会越来越惊恐？为何人在打喷嚏时会摇晃，为何会因太阳的热而出汗，因酷寒而冻僵？（12）这些以及其他很多的事情，都不是意志、判断或者理性所能掌控的，它们是自然和必然的法则。

（13）“那种或凭借灵魂的麻木，或凶残狂暴，或是凭借可悲而必不可少的忍受痛苦的训练，依仗怪物的方式，超出自己能力地与大自然作对，算不得是一种勇敢；譬如我们听说过在凯撒的角斗学校里某位凶暴的角斗士，每当医生清理他的伤口时，都会习惯性地大笑；但是真正而高贵的勇敢则是我们先人所说的那种对于什么是可以忍受的，什么是不可忍受的认知。[1]（14）由此显然可见，存在着某些无法忍受的东西，勇敢的人们会避免去经历或者承受。”

（15）就在陶洛斯说了这些，并且似乎还要就此事再说下去时，我们走到了马车边，上了车。

1　斯多葛派认为品德是门学问。西塞罗《图斯库卢姆谈话录（Tusculanae Disputationes）》第4卷第53节：“他（克律西波斯 Chrysippus）说：‘勇敢是忍受诸事的学问’”。

第 6 章

关于谜语。

（1）希腊人称之为 aenigmata（谜语）的那种东西，我们的一些先人称之为 scirpi，例如，我最近发现的极其古老而非常迷人的、由三行抑扬格六音步诗组成的“谜语”。我不揭开谜底，以激励读者自行猜测、探找谜底。（2）三行诗句如下：

我不知是少一次（semel minus）还是少两次（bis minus），
或者是两者都是，如我从前曾经听闻，
他不愿为朱庇特君王本人让出位置。[1]

（3）如果谁不愿自己长久找寻答案，可以在马尔库斯·瓦罗献给马尔凯鲁斯（Marcellus）的《论拉丁语表达（De Sermone Latino）》第 2 卷中找到解答。

1 谜底是 Terminus（泰尔米努斯）。一个 minus 加上两个 minus 是三个（ter）minus。泰尔米努斯是界碑之神。据传说，卡托利山上的界碑早于朱庇特神庙建成便已经在那里，他拒绝腾出位置，所以就留在神庙当中，上面的屋顶开了一个天窗，因为他必须处在露天处。

第 7 章

因何缘故行省总督格奈乌斯·多拉贝拉（Cn. Dolabella）[1] 将一妇人被控下毒并且认罪的案件交阿利奥帕古斯（Ariopagus）[2] 法庭审理。

（1）当格奈乌斯·多拉贝拉行以总督权力管理亚细亚行省时，一位士麦那（Smyrna）[3] 的妇人被带到他跟前。（2）此妇人暗中给她的丈夫和儿子下了毒药，在同一时间将他们杀死。她供认干了此事，并陈述了她如此做的理由。因为她丈夫和儿子设计杀害了她和前夫生的另一个儿子，一个优秀而善良的年青人。案情就是如此，不存争议。（3）多拉贝拉将此事交给议事会（consilium）。（4）议事会里没有人敢对如此两难的案件发表意见，因为一方面，既已供述下毒杀害丈夫和儿子，似乎不该准予免受处罚；另一方面，两个恶人是罪有应得。（5）多拉贝拉把这件事交给雅典的阿利奥

1　似乎应该是普布利乌斯·科尔涅利乌斯·多拉贝拉（Publius Cornelius Dolabella），此人曾于公元前 69 年任大法官，前 67 年—前 66 年任亚细亚省总督。与本书第 3 卷第 9 章中的多拉贝拉同名但非同一人。

2　阿利奥帕古斯（Ariopagus 或 Areopagus，希腊文 Ἄρειος Πάγος）是雅典的一座山丘，此处指设于其上的雅典最古老的法庭。

3　士麦那（Smyrna），小亚细亚的城市，今土耳其伊兹密尔。

帕古斯法庭，由更权威、更有经验的法官处置。（6）阿利奥帕古斯法庭了解案情之后，命令被告的妇人与她的原告一百年后到庭。（7）这样一来，妇人未被赦免毒杀之罪，因为法律并不允许；而罪人也未受到判罪与惩罚，因为理当获得宽恕。（8）这个故事记载于瓦勒里乌斯·马克西姆斯（Valerius Maximus）[1]的《名事名言录（Factorum et Dictorum Memorabilium）》第9卷[2]。

法庭上的芙丽涅

〔法〕让·莱昂·热罗姆（1824—1904）

1　瓦勒里乌斯·马克西姆斯（Valerius Maximus）是罗马著作家，工作于提比略在位年间（公元14年—37年）。受塞克斯图斯·庞培（Sextus Pompeius）的庇护。《名事名言录》是各种简短的历史故事的汇集，具有道德教谕性质。

2　当为第8卷而非第9卷。

第 8 章

名人间值得纪念的和解。

（1）大普布利乌斯·阿非利卡努斯（Publius Africanus）[1] 和提比略·格拉古（Tiberius Gracchus）[2] 与盖乌斯·格拉古的父亲老提比略·格拉古（Tiberius Gracchus）[3] 均是因功绩卓著、身居要职、生活庄重而名声显赫之人，他们曾多次就共和国事务产生分歧，因为此事或者彼事的缘故非属朋友。（2）他们的不和持续许久，在例行向朱庇特奉献酒宴的那一日[4]，元老院为此祭祀在卡皮托利（Capitolium）[5] 举行宴会，凑巧的是，他们俩被安排在同一张桌，相邻而坐。（3）接着，仿佛永生的神明们作为仲裁在至善至尊的朱庇特酒宴上让他们的右手握在一起，突然间变得亲密无间。他们

1　即大西庇阿，全名普布利乌斯·科尔内利乌斯·西庇阿·阿非利卡努斯（Publius Cornelius Scipio Africanus）。参看第 6 卷第 1 章注。

2　参看第 2 卷第 13 章注。

3　参看第 6 卷第 19 章注。

4　即每年的 11 月 13 日，是朱庇特的节日。该日的朱庇特宴会是为民众宴会的重心。加图在其《农业志（De Re Rustica）》第 132 节中传授了献祭之后，向朱庇特奉献酒宴的方式。

5　卡皮托利（Capitolium），罗马七丘之一，也指建于其上的朱庇特神庙。

不仅开启了友谊，还结成了姻亲。（4）因为普布利乌斯·西庇阿有一女儿[1]正好未婚待嫁，于是当场就将她许配给了提比略·格拉古；他在最具判断力的时期，即他们互为敌人之时，就已经认可并选中了老提比略·格拉古。

（5）同样，埃米利乌斯·莱皮杜斯（Aemilius Lepidus）[2]和弗尔维乌斯·弗拉库斯（Fulvius Flaccus）[3]均出身高贵、职位显赫、在国家事务中占据至高地位，他们两者之间怨恨极深，敌对甚久，互有冲突。（6）后来，人民同时选举他们为监察官。传令官（praeco）宣布他们当选之后，大会尚未解散之时，他们立刻在广场[4]上出于自发地[5]以共同的热忱，相互握手拥抱；自那天之后，无论是在他们的监察官任期之中还是之后，他们都长久和睦相处，极其忠诚而友好地过着生活。[6]

1　即著名的科尔内利娅（Cornelia），格拉古兄弟的母亲。

2　马尔库斯·埃米利乌斯·莱皮杜斯（Marcus Aemilius Lepidus，公元前 230 年—前 152 年），前 193 年任高级营造官，前 191 年在西西里任大法官，前 187 年任执政官，前 199 年起任大祭司，前 180 年任大祭司长，179 年和他的政敌弗尔维乌斯同任监察官，并任首席元老（Princeps Senatus）。

3　公元前 179 年的另一位监察官是马尔库斯·弗尔维乌斯·诺比利沃（Marcus Fulvius Nobilior），请参看本书第 5 卷第 6 章注。据说他曾于埃米利乌斯·莱皮杜斯前 187 年当选执政官之前两度阻碍莱皮杜斯当选。而莱皮杜斯也曾于前 189 年试图阻止弗尔维乌斯获得凯旋式。所以两人曾多年互为政敌。

4　即罗马马尔斯广场（Campus Martius），百人队大会（comitia centuriata）在此处举行。

5　李维在《罗马史（Ab Urbe Condita Libri）》第 40 卷第 46 章中记载，他们的和好是因为昆图斯·凯基利乌斯·梅特卢斯（Quintus Caecilius Metellus，前 250 年—前 175 年）的调解。

6　这个故事见录于瓦勒里乌斯·马克西姆斯《名事名言录》第 4 卷第 2 章第 1 节，有可能就是此处文字的来源。

第 9 章

双关语是怎样的；甚至连 honor（荣誉）都有双关之意。

（1）人们可以经常在古人的作品中看出或察觉到，许多词语在现在的日常对话中表达一个特定的事物，而在那时则是中性的、共用的，因为它可以用来表达与包含两种对立的事物。其中有些词颇为众人所周知，如 tempestas（天气）、valitudo（健康状况）、facinus（行为）、dolus（方法）、gratia（声望）、industria（意图）。（2）这些词现在几乎尽人皆知为双关语，可以用作不同的两种意思。

而 periculum（危险 / 试验）、venenum（毒药 / 草药）和 contagium（传染 / 接触）也并不似如今的用法仅指坏的事物，你可以发现许多这种例子。（3）而 honor（荣誉）作为中性词而得以使用，比如用 malus honos 来表达“不义”的意思，这当然极其罕见。（4）然而昆图斯·梅特卢斯·努米底库斯（Quntus Metellus Numidicus）[1] 在《论本人的凯旋（De Triumpho Suo）》的演说中用了这些词：“罗马人（Quirites），在这件事上，你们大家越是比我一人重要，则他给你们造成的欺凌和侮辱就越比给我

1　即昆图斯·凯基利乌斯·梅特卢斯·努米底库斯，参看第 1 卷第 6 章注。

造成的更大；善良之士人越是乐意接受欺凌，而非欺凌他人，则他对你们业已怀有的鄙视（pejor honor）就越重于对我的鄙视；因为他想让我承受欺凌，而让你们，罗马人，去施行它；以致于留给我的是抱怨，留给你们的是指责。”（5）他说，“他对你们比对我怀有更重的鄙视”，此话的意思就是他本人前面所说的：“他给你们比给我造成更大的欺凌和侮辱”。

（6）然而，除了考察这个词，我认为应该抄录这句出自昆图斯·梅特卢斯演说的话来说明苏格拉底的信条：施行不义恶于蒙受不义（κάκιον εἶναι τὸ ἀδικεῖν ἢ τὸ ἀδικεῖσθαι）。[1]

1 柏拉图《高尔吉亚篇（Georgia）》473a；489a；508b。

第 10 章

Aeditumus（看庙人）一词是拉丁语。

（1）aeditimus[1] 是一个古老的拉丁词，其形式相类于 finitimus（邻居）和 legitimus（合乎法律的）。（2）但是现在许多人代之以新的自造用法，说成 aedituus，仿佛它起源于保护（tueor）庙宇（aedes）。[2]（3）因为某些鄙野难驯的争论者只会在引证权威后才会闭口……，[3] 下面的话当足以作为告诫而道出。

（4）马尔库斯·瓦罗在献给马尔凯鲁斯的《论拉丁语表达》第二卷中认为应当用 aeditumus 而非 aedituus，[4] 因为后者是近年的新造词，而前者是源于古代的纯正词。（5）同样，

1　Aeditimus 和 aeditumus 是同一个词的两种拼法。

2　即源于 aedes 和 tueor 两个词。这个观点来自于瓦罗，后者在其《论农业（Rerum Rusticarum de Agri Cultura）》第 1 卷第 2 章第 1 节中指出 aeditumus 是古老的形式。而西塞罗在《命题（Topica）》第 36 节中提到塞尔维乌斯·克劳狄乌斯（Servius Claudius）曾指出这个词的第二部分是后缀。

3　此处原文有阙漏。

4　aeditumus 和 aedituus 都应该算是正确的拉丁词。前者构词类似 finitumus(finitimus)，原意是属于庙宇的，其"庙宇守卫者"的含义源自 aedituus。

我认为莱维乌斯（Laevius）[1]也在《普罗泰西劳斯与劳达米阿（Protesilaodamia）》[2]中说过 claustritumus（看门人），即掌管门闩者，显然这和他所见的 aeditumus（看守庙宇者）结构相同。（6）在西塞罗《控维勒斯》第 4 卷（IV in Verrem）[3]中，我发现在最为可靠的抄本中如此写道："看庙人（aeditumi）和守卫迅速察觉"，但是在普通抄本中却被写作 aeditui。（7）蓬波尼乌斯（Pomponius）的一部阿特拉剧（atellania）[4]就题为 Aeditumus。书里有这行诗：

从我为你效劳，守护你的庙宇（aeditumor in templo tuo）起。

（8）而提图斯·卢克莱修（Titus Lucretius）在其诗歌中[5]则用 aedituentes 来代替 aeditui。

1　参看本书第 2 卷第 24 章注。

2　普罗泰西劳斯和劳达米阿是希腊传说中的人物，前者是特洛伊战争中色萨利（Thessalía）人的首领，第一位战死者；劳达米阿是他的妻子，后来殉情而死。

3　即《第 2 次控维勒斯》第 4 卷第 96 章。盖乌斯·维勒斯（Gaius Verres）参看本书第 1 卷第 7 章注。

4　蓬波尼乌斯和阿特拉剧参看本书第 10 卷第 24 章注。

5　卢克莱修《物性论（De Rerum Natura）》第 6 卷第 1275 行。提图斯·卢克莱修·喀鲁斯参看本书第 5 卷第 15 章注。

第 11 章

那些犯下罪过却希望且相信不被人知的人们是想错了，因为长久隐藏罪过的情况是不存在的；哲学家珀勒歌林努斯（Peregrinus）[1]关于此事的谈话以及诗人索福克勒斯（Sophocles）[2]的名言。

（1）我在雅典时，遇到了一位颇有名望而老成持重、名为珀勒歌林努斯的哲学家，他后来获得了普鲁透斯（Proteus）这个绰号。那时，他住在城外的一个小房子里。由于常常拜访他，我得以聆听了许多确实富有助益并值得尊敬的言论。我记得其中有一次特别重要。

（2）他说，一个真正的智者不会去犯罪，即便神明或者人们不会知道他所犯下罪行。（3）因为他认为，人不应当犯罪，不是出于对惩罚或者羞耻的恐惧，而是出于对正义与正直的热情与责任感。[3]（4）然而，若是某些人，既不拥有这样的天性，又未受过这

1　即珀勒歌林努斯·普鲁透斯，参看本书第 8 卷第 3 章注。

2　参看本书第 6 卷第 5 章注。

3　西塞罗《论义务（De Officiis）》第 3 卷第 37 节：“即使我们能够瞒过所有的神明和凡人，我们也不该贪婪地，不应该不公正地，不应该放荡地，不应该无节制地做任何事情。”中译文据王焕生。

种教育，能够轻松地凭借自己的力量和意愿避免犯罪的话，他判定，当他们以为可以隐瞒罪行，并凭借隐瞒逃避惩罚时，所有这些人都会更易于犯罪。（5）“但是如果人们知道，”他说，“没有什么东西是可以一直隐瞒的话，有意犯罪时也会更加克制与谨慎了”。（6）所以，他说，人们应当把最富有智慧的诗人索福克勒斯的诗句挂在嘴边：

πρὸς ταῦτα κρύπτε μηδέν， ὡς ἅπανθ᾿ ὁρῶν
καὶ πάντ᾿ ἀκούων πάντ᾿ ἀναπτύσσει χρόνος.
时间总是遍观万事又遍听诸有，
它披露一切，你不该有所隐瞒。[1]

（7）另一位古代诗人，他的名字已从我的记忆中消失，说过真实是时间的女儿。[2]

1 索福克勒斯《希波努斯（Hipponus）》。

2 似乎与本书第 13 卷第 8 章第 1 节阿弗拉尼乌斯所引用的诗句相似。

第 12 章

西塞罗的巧妙回应，以此来摆脱说他公然撒谎的指责。

（1）这也可算是一种修辞的训练，巧妙而又机智地在没有危险的情况下承认指控；这样，若所指控的是某件无法否定的丑事，你可用戏谑的回应来避开，让这件事更当博得一笑而非指责，正如书中所述的西塞罗之所为，他用机智而巧妙的言语化解了他无法否定的事情。（2）当他想在帕拉丁山（Palatium）[1]买房时，因为手头没有现钱，他私下接受了当时受到指控的普布利乌斯·苏拉（P. Sulla）[2]两百万塞斯特尔提乌斯（Sestertius）的借款。（3）然而就在购买之前，这件事曝光了，传到了民众耳中，人们指责他为了购房而接受被告的金钱。[3]（4）于是西塞罗因意料之外的指责而感

1　罗马城中的一座小山。

2　普布利乌斯·科尔内利乌斯·苏拉（Publius Cornelius Sulla，？—公元前 45 年），卢基乌斯·科尔内利乌斯·苏拉（Lucius Cornelius Sulla）的侄子，前 65 年当选执政官，但选举结果因他被控贿赂选民而取消，并且被逐出元老院。前 62 年作为喀提林分子受到起诉，得到了霍尔滕西乌斯（Hortensius）和西塞罗的辩护并被宣告无罪。内战期间站在凯撒一边作战，并借此恢复了名誉。

3　肯奇乌斯法（Lex Cincia）禁止向非亲属关系的辩护人支付报酬或超过某一界限的礼物。

到不安，他否认自己接受了金钱，也否认自己有意购房，他说："若是我购置了房屋，那么我确实是接受了金钱。"但是，他后来真的买了房子，当政敌们在元老院里向他指出这个谎言时，他大笑不止，边笑边说："你们都是不通常识之辈，不知道睿智谨慎的家长会因为竞买者的缘故，否认欲购相中之物。"

西塞罗大理石头像

公元前 40 年—前 30 年，佛罗伦萨，乌菲兹美术馆

第 13 章

短语 intra kalendas 有什么含义，是“朔日之前”还是“在朔日里”或者两者皆是；以及马尔库斯·图利乌斯的一篇演说中的 intra oceanum（在大洋之中）和 intra Montem Taurum（在陶鲁斯山[1]中），以及一封信中的 intra modum（在尺度之内）有什么含义。

（1）当执政官任命我为罗马的特别诉讼（extra ordinem）的法官，[2]命令我于 intra kalendas 宣布判决的时候，我去询问了学识渊博的苏尔皮基乌斯·阿波利纳瑞斯 intra Kalendas 一语是否也包含朔日本身。我告诉他我被任命为法官，而且我宣判的日期已被指定为 intra Kalendas。（2）他说：“你为什么来问我，而不去问一位你通常会在审判前请教的那些精熟博学于法律的人士？”（3）我于是如此回答：“若是我需要讨教的是有关古老的、通用

1　陶鲁斯山（Mons Taurus）是今土耳其南部的巨链形山脉，与地中海沿岸平行。西起埃里迪尔湖(Eğirdir)，东至幼发拉底河上游，呈弧状。其多数山峰海拔 3,000 ~ 3,700 米。

2　古罗马的法律诉讼包括两个阶段，首先是在行政官面前进行的“预审（in jure）阶段”，然后，由行政官指定一名法官，进入“法官审理（in judicio）阶段”。法官由普通人（非行政官）担任。这种两阶段诉讼被称为“程序诉讼”。从公元 1、2 世纪开始，开始出现“特别诉讼”这种形式，在这种形式下，诉讼没有分成两个阶段，当局指定法官时不受诉讼当事人的干预。本书第 14 卷第 2 章中，则是由大法官在当事人的同意下指定作者任法官，按“程序诉讼”形式进行审判。

的法律，或者是存有争议、含糊不清的法律，或者是新的、有待建立的法律，我自然会去询问你说的那些人；（4）但若当需要探究的是拉丁词语的含义、用法和词源时，我既然拥有你这样一座宝库，还舍你去找别人，那肯定是心智愚昧而糊涂了。”（5）他说：“那么，你可以听取我对于这个词[1]的词源的看法，但要按下述方式行事，即不是根据我所论述的词语的特性，而是根据你所获知的所有人或大多数人的一致看法；因为不仅仅常用词语的真实与固有的含义会随着长久使用而变化，那些法律本身的条款也会在一致的默许中被人遗忘。”

（6）而后他在我和其他许多人聆听之下，大致以这样的方式进行了阐述：“当时间被如此指定，即法官需在 intra Kalendas 宣判时，所有人都会即刻认为，无疑当在朔日之前依法宣布判决，在我看来，你所提的问题中唯一不明确的是，是否可在朔日当天宣判。（7）毋庸置疑，这个词本身的起源和自身的含义，当用于 intra Kalendas 时，应当被理解为朔日而非其他日子。那三个用来指出地点上的明确范围的词 intra（在里面）、citra（在这边）、ultra（在对边），在古代作家那里则是用单音节的 in、cis、uls。[2]（8）而后，由于这些小品词发音短而轻，不易察觉，三个词都添上了同一个音节，从前读作 cis Tiberim（台伯河此岸）和 uls Tiberim（台伯河彼岸）的，开始被读作 citra Tiberim 和 ultra Tiberim；同样，in 加上了相同的音节变成了 intra。（9）于是所有这些词如同毗连的邻居，由共同的边界相接：intra oppidum（城里面），ultra oppidum（城这边），citra oppidum（城那边），如我前面所说，其中的 intra 为 in 之意。（10）若是谁说 intra oppidum，intra cubiculum，intra ferias，他所指并无他意，就是 in oppido（在

1 即 intra 一词。

2 从 cis、ex、uls、post 这些词产生了相应的形式 citer、exteri、ulter、posteri。从上述的形容词形式又形成了夺格副词 citra、extra、ultra（intra），用作介词。

城中），in cubiculo（在房中），in feriis（在节日期间）。（11）所以 intra Kalendas 指的不是 ante Kalendas（朔日之前），而是 in Kalendis（在朔日里），也就是朔日那天。（12）于是，根据这个词本身的含义，受命于 intra Kalendas 宣判者，除非他在朔日那日宣布判决，否则就是违抗此语中的指令。（13）因为如果在那天之前宣判，那就不是在朔日 intra（之中）而是在 citra（之前）宣判。（14）然而，我不知道为何人们普遍接受极为荒谬的解释，即 intra Kalendas 似乎也是指 citra Kalendas（朔日前）或 ante Kalendas（朔日前），它们的意思几乎相同。（15）尚有疑问的是，是否也可在朔日当天宣判？既然不当于之后（ultra）或者之前（citra），而应当于两者之间的 intra Kalendas 宣判，那就是朔日当天。（16）但是毫无疑问，习俗作为万物尤其是语言之女王，占了上风。”

（17）阿波利纳瑞斯极其详尽而清晰地探讨了这整个问题，于是我说：“来找你之前我曾想到查询探究一下我们的先人是如何使用我们所讨论的这个小品词的，于是我发现了图利乌斯在《控维勒斯》第 3 卷（tertia in Verrem）如此写道：‘大洋之中（intra oceanum），无论多么遥远、多么偏僻，无一处不曾在这段时间里受到我国人民的贪欲与不公的侵扰。’[1]（18）他说的 intra oceanum 有悖于你的解释；因为我认为他不是想说 in oceano；他指的是被大洋包围的、我们的人民可以前往的陆地：它们是在大洋这边（citra oceanum），而不是在大洋之中（in oceano）；因为不可能认为他指的是什么可称为位于大洋深处的岛屿。”

（19）于是苏尔皮基乌斯·阿波利纳瑞斯微笑着说道：“你用图利乌斯的这个例子来驳斥我确实非常机智而巧妙；但西塞罗说的是 intra oceanum（大洋之中），而非如你所解释的 citra oceanum（大洋这边）。（20）当大洋从四面环绕并包围所有陆

1　应该是《第 2 次控维勒斯》第 3 卷第 207 节。

地时，有什么可以被称为‘在大洋这边呢’？[1]因为所谓‘在这边’者，就是在外面的；如何能把在外面的东西说成在里面呢？但是如果海洋仅仅是在世界的一边，那么大地所在的那边可以说成‘在大洋这边’或者‘在大洋前面（ante oceanum）’；但事实上大洋从四面八方环绕陆地，没有哪个地方在它的‘这边’，所有陆地被它的海水所包围，海岸之内的所有一切均在它的中央，恰如太阳不是在天空这边（citra caelum）运行，而是在天空中、在天空里面运行。”

（21）此时阿波利纳瑞斯的解释看起来精妙而睿智。但是后来我在马尔库斯·图利乌斯的《致塞尔维乌斯·苏尔皮基乌斯[2]信（Epistularum ad Servium Sulpicium）》中发现他如此使用 intra modum，一如人们用 intra Kalendas 来表达 citra Kalendas 之意。（22）西塞罗的话引录如下：“然而，因为我避免冒犯他[3]，如果我一直默不作声，他或许会认为我不把这个政体看作为共和国；我将有尺度地、甚或在尺度之内（intra modum）行事[4]，以便顾及他的意愿和我的追求”。[5]（23）他说：“我将有尺度地行事”，就是指不偏不倚的方式（modo aequo et pari）；（24）接着，他仿佛觉得不好，想要改正，接着又说：“甚或在尺度之内”（aut etiam intra modum），以此语他表明了他行事的程度将逊于人们所认为的“有尺度地行事”，亦即，不会达到这个尺度，而是稍许后退，在尺度的“这一边”（citra modum）。

（25）在他所写的演说《为普布利乌斯·塞斯提乌斯辩护（Pro P. Sestio）》中，他说“intra Montem Taurum”，意思不是“在

1　早期的希腊人认为大洋是一条环绕着大地的巨河。

2　参看本书第 2 卷第 10 章注。

3　指凯撒。

4　指参与政治。

5　西塞罗《致亲友（Epistulae ad Familiares）》第 4 卷第 4 信，第 4 节。

陶鲁斯山中”，而是“直至该山并包含该山”。（26）引自前述演说的马尔库斯·图利乌斯的原话如下：“我们的先人经由陆地和海洋的激烈战斗，击败了安条克大帝（Antiochus Magnus）[1]，命令他在陶鲁斯山之内进行统治；从他手中夺取的亚细亚（Asia）则被送给了阿塔卢斯（Attalus）[2]，让其统治该地。”[3]（27）“命令他在陶鲁斯山之内进行统治（intra Montem Taurum regnare iusserunt）”与我们说的“在卧室内”（intra cubiculum）并不一致，除非“在山里”（intra montem）可以被视为由陶鲁斯山的屏障所分隔的地区之内。（28）正因如某人在卧室内，他并不是在卧室的墙上（in cubiculi parietibus），而是在围成卧室的墙壁之内（intra parietes）；那些墙本身也是在卧室内；于是，统治“陶鲁斯山之内”（intra Montem Taurum）者，他不仅仅统治陶鲁斯山，也统治被陶鲁斯山包围的地区。

（29）因此，根据马尔库斯·图利乌斯话语的类推，受命于 intra Kalendas 宣判者，可以依法在朔日之前以及在朔日当天宣判吗？之所以如此做，并非根据愚昧习俗的某种特例（privilegium），而是出于对理智的明确遵循，因为被朔日那一天所包拢在内的所有时间都可以被合理地称为 intra Kalendas。

1　即安条克三世，参看本书第 4 卷第 18 章注。

2　阿塔卢斯（Attalus）一世（公元前 269 年—前 197 年）是帕加马国王，此时已经去世。此处当指他的儿子欧迈尼斯二世（Eumenes II，公元前 197 年—前 159 年在位）。他和罗马人合作，先后抗击了马其顿人和塞琉西王国对爱琴海地区的扩张，结果导致了安条克三世的失败。根据阿帕美亚（Apamea）合约，他从罗马盟友处获得了弗里吉亚、吕底亚（Lydia）、皮西迪亚（Pisidia）、潘菲利亚（Pamphylia）和一部分吕奇亚（Lycia）。

3　《为普布利乌斯·塞斯提乌斯辩护》第 58 节。公元前 188 年，罗马人和安条克三世在弗里吉亚的阿帕美亚缔结了合约，合约规定安条克放弃陶鲁斯山脉北面和西面的所有领土。这些领土主要被分给了帕加马国王欧迈尼斯二世和罗得岛。

第 14 章

小品词 saltem 有何含义和起源。

（1）我们探究了小品词 saltem（至少）的主要含义以及这个词的词源。（2）的确，它最初的形成显然不像某些语言助词那样似乎是轻率而仓促地得到采用的。（3）有人说他在普布利乌斯·尼基第乌斯的《语法学评注（Commentarii Grammatici）》中读到 saltem 来源于 si aliter，后者本身通常以省略形式出现，因为完整的句子是："si aliter non potest（若是另无他法）"。（4）但是我不曾在尼基第乌斯的同一部《评注》中的任何地方找到这句话，虽说我认为自己读得挺仔细。

（5）然而，这句"si aliter non potest"看起来确实与我们探究的这个词的意思并不相悖。但是这么多的词语被缩为寥寥几个字母，是一种不恰当的精致。（6）还有一个热衷于书籍和著作的人说 saltem 在他看来就是中间擦去了字母 u 而形成的；现在我们所说的 saltem，以前写作 salutem[1]。他说："因为当我们谋求别的什么东西却未能遂愿时，仿佛作为最后的要求，我们通常会去谋求最

1 salutem 是 salus 的单数宾格形式，意思是健康、安全。

不该被拒绝的东西，说‘至少（saltem）这个应当实现或者得到，’仿佛是在最后谋求平安，而获得与拥有平安自然是最合乎情理的。”（7）这样的解释确实不失精妙，但却显得过于不自然。所以我们决定再进一步探究。[1]

希腊之花
〔德〕August Ahlborn（1796—1857）

1 saltem 或者 saltim 是一个名词的宾格，有人认为源自 salvus（安然）和 salus，另一些人认为源自 salio（加盐，跳）。

第 15 章

西塞那在他的《历史》中多次使用了以下这类副词：celatim、vellicatim、salutatim。

（1）我在认真细读西塞那的《历史》之时，注意到在他的行文之中有着如下这种形式的副词：cursim（急忙）、properatim（急忙）、celatim（悄悄）、vellicatim（逐个地）、saltuatim（跳跃地）。[1]（2）其中前两个副词更为常见，不乏例句。其余的副词《历史》第 6 卷中如此出现："他尽可能秘密地（celatim）布置他的队伍埋伏下来。"同样地在另一处："我连续记载了在同一个夏天里在亚细亚和希腊创下的功绩，以免写得零碎而跳跃（vellicatim aut saltuatim），从而扰乱读者的思维。"

1 Cursim 是一个常用词，properatim 属于喜剧语言，vellicatim 是与动词 vellicao（拔毛）有关的一种罕见形式，而 saltuatim 当与 saltus（跳）有关。

第*13*卷

经验赋给（genuit）我生命，记忆乃生我之母亲，

希腊人称我为 sophia（才智），你们管我叫 sapientia（智慧）。

第 1 章

对马尔库斯·图利乌斯·西塞罗的《反安东尼(Antonianarum)》[1]第 1 卷中"很多事情好像违背自然和命运威胁着我们"这句话的细致考察；以及对"自然"和"命运"这两个词是同义还是不同义的研究。

(1)马尔库斯·西塞罗在《反安东尼》第1卷中留下了这样的话："因此，我匆忙支持了这个现在没人支持的人；我不是要为他做些什么，因为我对此既不抱希望也无能为力，但是如果人类会遭遇的事落到我身上[2]——很多事情似乎违背自然和命运威胁着我们，那么我今天就要留下声音，作为我对国家的永久善意的见证。"[3]（2）西塞罗说了"违背自然和命运"。他是想把这两个词等同，用两个概念来指一件事，[4]还是将这两个词加以区别，似乎"自然"会带来一些变故，而"命运"会带来另外一些，我认为确实值得研

1 又名《反腓力辞》（Philiphicae），参看本书第 1 卷第 16 章注。

2 显然是指暴力所致的非正常死亡。

3 《第 1 篇反安东尼》第 10 节。

4 一种用连词连接两个单词来表达通常由一个名词和一个形容词表达的单个意思的修辞法，即重言法。

究，而且特别需要深究的是，当理性、秩序和某种无法超越的命运的必然已经把万事万物都囊括进了命运之中时，西塞罗还能根据什么样的理由说很多人类会遭遇的事情可能会发生，除非他遵循了荷马的这句话：

免得违背命运提前去哈迪斯（Ἅιδης）[1]的居所。[2]

（3）毫无疑问，西塞罗指的是因暴力和意外导致的死亡，这确实可以被认为是违背自然而发生的。

（4）至于为何西塞罗将这种死亡置于命运之外，予以探究既不属于本文的工作也不合时宜。（5）不可忽视的一点是，维吉尔也对命运表达过与西塞罗类似的观点，在其著作第 4 卷中他谈到了埃利萨（Elissa）[3]，她以暴力自尽而亡：

由于她并非命中注定要死，又不该死。[4]

这种暴力导致的死亡并不被看作是出自命运。（6）西塞罗看起来是追随了德摩斯梯尼这样一位智慧和雄辩同样出色的人的观点。后者在其杰出的演说《论金冠》中这样说道："那些仅仅认为自己是为父母而生的人，不过是在等候宿命（εἱμαρμένη）或注定的死亡（τὸν αὐτόματον θάνατον）罢了；而那些认为自己是为祖国而生的人，则会决意为国牺牲以免见到她蒙受奴役。"[5]（7）西塞罗称之为"命运"和"自然"的，德摩斯梯尼很久之前称之为"宿命（τὴν πεπρωμένην）"和"注定的死亡"。（8）"注定的死亡"与自然的、命运的死亡一样，不包括因外来暴力所致的死亡。

1　哈迪斯（Ἅιδης），希腊神话中的冥王。他监管死后坏人的审判与惩罚。他的名字有时也被用来称为冥界，后来成为地狱的同义词。

2　《伊利亚特》第 20 卷第 336 行。中译文参考罗念生译文。

3　即狄多（Dido），传说中迦太基的女王。《埃涅阿斯纪》第 4 卷中，维纳斯不愿儿子继续流浪，于是就让狄多对埃涅阿斯产生了爱情，二人即将结为夫妇。但天神提醒他勿忘自己所肩负的使命，埃涅阿斯断然离去，狄多在绝望中登上柴堆，拔剑自杀身死。

4　《埃涅阿斯纪》第 4 卷第 696 行。中译文据杨周瀚译文。

5　《论金冠（ὑπὲρ στεφάνου）》第 205 节。

第 2 章

关于诗人帕库维乌斯（Pacuvius）[1] 与阿克基乌斯（Accius）[2] 在塔伦图姆城（Tarentum）[3] 的亲密交谈。

（1）那些有闲暇和热情去探究博学之士的生活和生平，并将其世代相传的人，记载了悲剧诗人马尔库斯·帕库维乌斯与卢基乌斯·阿克基乌斯的这样一段轶事：（2）“当帕库维乌斯因为年事已高，饱受疾病缠身的困扰而从罗马退隐到塔伦图姆时，尚属年少的阿克基乌斯在去往亚细亚的途中经过该地，拜访了他，帕库维乌斯热情地接待了阿克基乌斯并留他住了数日。阿克基乌斯应其要求朗诵了自己的悲剧《阿特柔斯（Atreus）》[4]。”（3）据说，帕库维乌斯说该剧的文风铿锵有力，有大家风范，可惜在其看来稍显粗糙青涩。（4）阿克基乌斯则答道：“确实如您所说的那样，但我并不感到遗憾；因为我希望接下来我会写得更好。（5）因为人

---

1 参看本书第 1 卷第 24 章注。

2 参看本书第 2 卷第 6 章注。

3 参看本书第 6 卷第 16 章注。

4 阿特柔斯（Atreus），希腊神话中的迈锡尼国王，阿伽门农（Agamemnon）和墨涅拉俄斯的父亲。

们常说才智犹如果实；生长时既坚硬又酸涩的，后来会变得温软甜美，而刚结果即松软嫩润、一开始便汁水充沛者，以后却不会成熟，只会腐烂。（6）因此，禀赋中的有些东西是有必要交给岁月去磨砺的。”

阿克泰翁之死

〔意大利〕提香·韦切利奥（1490—1576）

第 3 章

词汇 necessitudo 和 necessitas 是否具有不同的含义。

（1）很多语法学家断言 necessitudo 和 necessitas 含义不同，necessitas 是指某种逼迫强制的力量，而 necessitudo 是指某个权利以及某种神圣关系的约束，而且这也是 necessitudo 唯一的含义，这真可谓是贻笑大方。（2）但是，就如同你说 suavitudo（甜美）或者 suavitas，说 sanctitudo（神圣性）或者 sanctitas，说 acerbitudo（酸涩）或者 acerbitas，说 acritudo（辛辣）或者像阿克基乌斯在《涅俄普托勒姆斯（Neoptolemus[1]）》中那样用 acritas，其中并不存在区别，同样没有理由说 necessitudo 和 necessitas 含义不同。（3）在古人的书中，你会发现 necessitudo 用于那些必要的事物。（4）而 necessitas 却不怎么用于有关尊重和婚姻关系的权利和义务中，尽管那些因为婚姻关系或亲密关系的权利本身而联结在一起的人们被称为 necessarii。（5）在盖乌斯·凯

1　希腊神话中阿喀琉斯（Achilles）的儿子，也是藏身于木马中进入特洛伊城的希腊英雄之一。

撒的支持普劳提乌斯法案（Plautius Rogatio）[1]的演说中，我发现necessitas取代了用于婚姻关系的权利的necessitudo。他的原话是："就我而言，由于我们亲属关系的需要（necessitas），似乎我在劳作、辛苦和勤奋方面一样都不缺。"

（6）我在阅读古代作家塞姆普罗尼乌斯·阿塞里奥（Sempronius Asellio）[2]的《历史（Historiae）》[3]第4卷时，偶然想起并且写下了关于这两个词无区别的这些话，阿塞里奥在书中论及保路斯（Paulus）[4]之子普布利乌斯·阿非利卡努斯（Publius Africanus）[5]时这样写道："因为他听他的父亲卢基乌斯·埃米利乌斯·保路斯说过，一名真正优秀的将领从不轻易发起鏖战，除非极为必要（necessitudo）或者获得了绝佳的机会。"

1　即关于莱皮杜斯党人回归的普劳提乌斯法（Lex Plotia de Reditu Lepidanorum），可能于公元前70年颁发的一项法令，旨在召回反叛的马尔库斯·埃米利乌斯·莱皮杜斯（Marcus Aemilius Lepidus，公元前78年的执政官）的支持者，他们在莱皮杜斯死后逃到西班牙投奔昆图斯·塞尔多利乌斯（Quintus Sertorius），其中包括凯撒的妻兄卢基乌斯·秦纳（Lucius Cinna）。

2　即普布利乌斯·塞姆普罗尼乌斯·阿塞里奥，参看本书第1卷第13章注。

3　此书又名《古事录（Libri Rerum Gestarum）》。

4　即卢基乌斯·埃米利乌斯·保路斯·马其顿尼库斯，参看本书第10卷第16章注。

5　即小西庇阿，他是保路斯的儿子，大西庇阿之子普布利乌斯·西庇阿的养子。参看本书第2卷第13章注。

第 4 章

亚历山大（Alexander）[1]致其母奥林匹亚斯（Olympias）[2]的信，以及奥林匹亚斯的机智回信。[3]

（1）在亚历山大大帝诸多事迹的记载中，以及不久前在马尔库斯·瓦罗的名为《俄瑞斯忒斯[4]或论疯癫（Orestes vel de Insania）》的书中，我读到了腓力国王之妻奥林匹亚斯给其子亚历山大大帝的一封机智回信。（2）亚历山大大帝致其母的信这样写道："朱庇特·阿蒙（Jupiter Hammon）[5]之子，国王亚历山大向其母问安。"奥林匹亚斯的回信用了这样的话："请我儿保持肃静，不要在朱诺（Juno）[6]面前诽谤或者指控我；如果你在信中承认我是她丈夫的情妇，她肯定会降大祸于我。"（3）这位机敏谨

1　即亚历山大大帝，参看本书第 5 卷第 2 章注。

2　参看本书第 6 卷第 1 章注。

3　此篇头原文为：Descripta Alexandri…，不完整，此处参考了英译本。

4　参看本书第 3 卷第 10 章注。

5　阿蒙（Hammon，或 Amun，Amon，Amen），埃及主神。后来在埃及之外也得到崇拜，古希腊时期被等同于宙斯。

6　朱诺是罗马神话中的主神朱庇特的妻子，传说好嫉妒。参看本书第 4 卷第 3 章注。

慎的妇人在面对她那狂妄自大的儿子所表现的那种谦恭，看起来是在提醒他放弃那个华而不实的念头，即不要因为伟大的武功、谄臣的阿谀以及本人难以令人置信的顺遂而自认为是朱庇特的儿子。

《亚历山大马塞克画》局部

公元前1世纪，推测为厄立特里亚的菲力奥克诺斯的壁画复制品（公元前310年），发现于庞贝遗迹中，现藏那不勒斯国立考古博物馆。

第5章

关于哲学家亚里士多德（Aristoteles）、塞奥弗拉斯特（Theophrastus）[1]和欧台谟（Eudemus）[2]，以及关于亚里士多德在选择其学园继任者时的优雅的审慎。

（1）哲学家亚里士多德年近六十二岁，身体虚弱，疾病缠身，生存希望渺茫。（2）他的一帮门徒全都跑到他那里去，恳请哀求他亲自为自己的身份和职务挑选一位继任者，于是他们可以在他去世后凭依此人，如同他们凭依他本人那样，来完善与提高由他所启迪的学问研习。（3）当时在他的学园中有很多优秀的人，不过其中两位特别出众：塞奥弗拉斯特和欧台谟。此两者在天资和学问上

1　请参看本书第 1 卷第 3 章注。

2　原抄本作 Menedemos，这是另一位哲学家，与本章内容不符，因为塞奥弗拉斯特和欧台谟被公认为是亚里士多德最重要的两位后继者，且后文第 3 节提到“来自罗德岛”，与欧台谟出身吻合，所以当作欧台谟。欧台谟（Eudemus，希腊文 Εὔδημος，约公元前 370 年—前 300 年），古希腊哲学家，出生于罗得岛，但是大部分时间生活在雅典，跟随亚里士多德学习哲学。他和塞奥弗拉斯特通常被称为亚里士多德的同伴（ἑταῖροι）而非学生。塞奥弗拉斯特继承了学园之后，他回到罗得岛，建立了自己的哲学学校，继续研究哲学与编辑亚里士多德的著作。

都优于其他人。前者来自累斯博斯岛（Lesbos）[1]，后者来自罗得岛（Rhodos）。[2]（4）亚里士多德回答说，待他看来时机合适时，他便会做他们所愿之事。

（5）稍后，当那些请求他指派一位导师的同一批人在场的时候，亚里士多德说他此时所饮之酒并不适合他的健康状况，对身体有害而且口味辛辣（asper），所以应该去寻找国外的酒，产自罗得岛或者累斯博斯岛的酒。（6）他希望，这两种酒他们都能弄到，并且说，他会享用他更喜欢的那一种。（7）他们去了，寻找了，找到了，带回来了。（8）于是，亚里士多德要了罗得岛的酒，尝了一下，说道："这酒确实够劲儿（firmus），而且让人愉快。"旋即，他要了累斯博斯的酒。（9）此酒也尝过后，他说道："两种酒都很棒，但累斯博斯的酒更让人愉快（ἡδίων ὁ λέσβιος）"。（10）当他如此说时，没人怀疑，他用这些话语优雅而慎重地为自己挑选的不是酒，而是他的继任者。（11）那人便是来自累斯博斯的塞奥弗拉斯特，一个其口才与生活都同样特别令人愉快的人。（12）于是，亚里士多德辞世[3]后不久，所有人就转而投到塞奥弗拉斯特门下。

1　累斯博斯岛（Lesbos）是爱琴海第三大岛。公元前3000年左右就有人居住。公元前527年—前479年由波斯人统治，后来加入提洛同盟（Delian League）。在伯罗奔尼撒战争中，它败给斯巴达（公元前405年），公元前389年为雅典人收复。

2　参看本书第3卷第15章注。

3　公元前322年。

第 6 章

希腊人称为 προσῳδία[1] 的，古拉丁语如何称呼；以及 barbarismus 一词既不为古代罗马人又不为阿提卡人所用。

（1）希腊人称之为 προσῳδία（音调）者，古拉丁语称之为 notae vocum（音标）、moderamentum（音准）、accentiuncula（重音）和 voculatio（音调）；（2）而我们说到某人说话 barbare（粗俗）时，古人不说此人言谈的缺陷是粗俗的（barbarus[2]），而说是土气的（rusticus[3]），他们说有这种缺点的人说起话来 rustice（土气）。（3）普布利乌斯·尼基第乌斯在其《语法学评注》中写道："如

1　希腊语中有一个声调重音，带重音的音节音调上升。拉丁语词 accentus（重音）含义与此相同。

2　barbarus 一词来自于希腊词 βάρβαρος，原意是非希腊人的，野蛮人的。公元前 1 世纪末起，罗马人称自己和希腊人以外的人为 barbarus，但是希腊人仍然称罗马人 βάρβαρος。

3　rusticus 一词与 urbanus 相对，后者表示举止和语言的完美，即有教养的。两个词的原意分别是乡村的和城市的。

果你说话时发送气音(adspiro)[1]出错,你的话就会变得土里土气。"[2]

(4)现在人们习以为常的词 barbarismus(言谈粗俗),神圣的奥古斯都(Augustus)时代之前的说话纯正得体的人们是否使用,我确实未曾发现。

1 关于送气音,请参看本书第2卷第3章第1节。李永毅译《卡图卢斯歌集》第84首下注1云:"西塞罗指出,在早期拉丁文中辅音都不送气,但后来受到古希腊文化的影响,许多上层人士开始把ch、th、ph中的[h]发出来,以显示自己的希腊修养。"

2 卡图卢斯《诗歌集(Carmina)》第84首讽刺了一位名叫阿利乌斯(Arrius)的人因发送气音过度而闹笑话。

第 7 章

荷马在其史诗中与希罗多德(Herodotus)在其《历史(Historia)》中对狮子特性的描写各不相同。

（1）希罗多德在其《历史》的第 3 卷中留下了狮子在其一生中只分娩一次，一次只生育不超过一只的幼崽的记载。（2）他书中的原话是："但是，另一方面，母狮是最强劲、最凶猛野兽之一，一生之中却只生产一次，一次只生产一只幼狮。"[1]（3）但是荷马却说狮子生育和抚养很多幼兽，他在此处像许多语法学家一样用阳性名词指代阴性。（4）他在下述诗句里清楚地表达了这点：

他站着，犹如狮子守在幼狮们（τέκεσσιν）身旁
它在林中带领着它们，面对面
遇见一些猎人。[2]

（5）在另一处他指出了同样的事：

发出声声长叹，有如美髯猛狮，

1　希罗多德《历史》第 3 卷第 108 章。中译文据徐松岩中译本。接下他还说："母狮不可能再次受孕，因为在生产幼狮时，母狮的子宫也会流出来。"

2　《伊利亚特》第 17 卷第 133 ~ 135 行。

猎人在丛林中偷走了它的幼仔（σκύμνους）。[1]

（6）最负盛名的诗人和大名鼎鼎的历史学家之间的这种分歧和矛盾让我们困惑不已，因此最好参阅一下亚里士多德的著作，他撰写了最为精确的有关动物的著作[2]。如果我发现在其中有关于这问题的内容，我将把亚里士多德原著中的话抄录下来。[3]

亚里士多德与荷马半身像

〔荷兰〕伦勃朗·梵·莱茵（1606—1669）

1 《伊利亚特》第 18 卷第 318 ~ 320 行。

2 即《动物志（De Historia Animalium）》。

3 作者没有做到。亚里士多德《动物志》第 6 卷第 31 章 P.579 指出：母狮每年产仔，通常两只，最多六只，有时只有一只。那种认为母狮在产仔时同时排出子宫的通行观点是荒唐的，之所以有人提出这种观点是因为狮子稀少，而他不知道真正的原因是它们的栖息范围很小。叙利亚的母狮产仔五次，第一次五只，然后每次减少一只。

第8章

诗人阿弗拉尼乌斯(Afranius)[1]明智而优雅地将智慧(Sapientia)称为经验与记忆的女儿。

（1）这是诗人阿弗拉尼乌斯对智慧的产生与获得的出色而极为确切的想法，他说智慧是经验和记忆的女儿。（2）以此论点他表明了，一个人如要拥有人间事物的智慧，不仅仅需要书本以及修辞术或辩证法的学习，而且也应该密切地参与与操练于对事务的探索与尝试，将所有这些行动与事件牢记心中，因此，从实务考验本身的教益中，而不是仅仅从书本或者老师那里，凭借他们所胡言乱语的某些空洞的辞藻和幻象，就如在拟剧中或睡梦中那样，求得真知与明断。（3）阿弗拉尼乌斯在名为《椅子（Sellae）》的长袍剧（togata）中的诗句如下：

经验赋给（genuit）我生命，记忆乃生我之母亲[2]，

---

1 即卢基乌斯·阿弗拉尼乌斯，参看本书第10卷第11章注。

2 此处genuit指的是作为父亲来生育，所以这里的意思实际上是：经验是智慧的父亲，记忆是智慧的母亲。这个比喻的精妙之处似乎在于，记忆如同母体，孕育和保护从经验得来的东西并在其中思考与领悟，最终才能产生出成熟的智慧。

希腊人称我为 sophia（才智）[1]，你们管我叫 sapientia（智慧）。

（4）此外，帕库维乌斯有一句意思类似的诗句，这句诗，在我熟识的一位善人，哲学家马克多（Macedo）看来，应该写在所有神庙的门前：

我厌恶那些人，懒惰于实务而明达于思辩。

（5）因为他说，没有什么比这件事更加可耻、更加不可忍受的了：懒惰而又无所事事的人用胡子和大披肩（pallium）[2] 把自己伪装起来，把哲学的特性与益处变成了言语与词藻之技，在用雄辩的言辞谴责罪恶的同时，自己的内心却浸淫在罪恶之中。[3]

1 sophia 即希腊语 σοφία，意思是才智、知识、智慧。

2 参看本书第 9 卷第 2 章注。

3 作者在此文中再次强调了实践和经验高于纯粹的理论。参看本书第 10 卷第 22 章。

第 9 章

图利乌斯·提罗在其札记(Commentarii)中对 Suculae(小猪群)和 Hyades（许阿得斯）[1] 的论述，它们皆是星座的名称。

（1）图利乌斯·提罗是马尔库斯·西塞罗的学生和被释奴，同时也是其治学的得力助手。（2）他写了很多本论拉丁语的用法和原理的著作，以及有关其他五花八门问题的书。（3）在其中最著名的就是他以希腊语题名为《Πανδέκται（学问大全）》的书，仿佛这本书囊括万事万物，揽尽天下学问似的。（4）在该书中，对于被称为 Suculae 的星座，他写道："古代的罗马人不了解希腊文献，因此对希腊语一知半解，以至于将金牛座牛头部分的那些星星称为 Suculae（小猪群），因为希腊人称其为 ὑάδες（许阿得斯）；仿佛这个拉丁语词是希腊语词的翻译，因为希腊语 ὕες 在拉丁语中就是 sues（猪群）。但是 ὑάδες 这个词，"他说，"并不是像我们无知的同胞所认为的那样来源于 ὕες，而是来自 ὕειν（下雨）一词，因为

1　许阿得斯（Hyades，希腊文名：Ὑάδες）是希腊神话中阿特拉斯（Atlas）的五或七个女儿的总称。她们的兄弟许阿斯（Hyas）射猎身亡，她们为此哀伤而死。宙斯感念她们挚爱，将她们变成星辰，即金牛座中的毕星团，五颗星呈 V 字形排列，位于金牛的头部。古代天文学家认为，当它们同太阳一起升起时预示着要下雨。

这些星星的升起与降落能引起狂风暴雨。Pluere（下雨）在希腊语中叫做 ὕειν。”

（5）这些就是提罗在《学问大全》一书中的论述。但是，我们的先辈们并没有粗俗无知到这样的地步，因为 ὕες 一词在拉丁语中被称为 sues，就把 Hyades 称为 Suculae（小猪群）。如同希腊语 ὑπέρ（在上面）在拉丁语中被称为 super，ὕπτιος（朝上的）被称为 supinus，ὑφορβός（牧猪人）被称为 subulcus，同样，我们先是将 ὕπνος（睡眠）称为 sypnus[1]，而后，因为拉丁语字母 o 与希腊语字母 υ 的亲缘关系又称其为 somnus；同样地，ὑάδες 一开始被称为 syades，后来又被称为 suculae。

（6）而这些星星也不像提罗所说的那样位于金牛座的头部，没有它们金牛座就没头了；而是这样地坐落于一个被称为“黄道（Zodiacus）”的环带中，即从其位置分布来看，呈现出牛头的形状和外表，就像希腊人称之为 Πλειάδες（昴星团）[2]，我们称之为 Vergiliae 的那些星星，它们的位置和布局形成了，而且仿佛绘出了，牛的其他部位以及剩余的图像。

1 睡眠的拉丁文名从来不曾是 sypnus，这只是 ὕπνος 的随意仿造词。

2 即普雷阿得斯（Pleiades，希腊文名：Πλειάδες），是阿特拉斯和海中仙女普雷奥奈（Pleione）的七个女儿的总称，她们是许阿得斯的姐妹、陪伴阿尔特弥斯（Artemis）的仙女。此处是指金牛座中的昴星团，又称七姐妹星团。Πλειάδες 这个名字可能实际上源自 πλεῖν（航行），因为这些星星与太阳同时升起的时间标志着地中海航海季的开始。

第 10 章

拉贝奥·安提斯提乌斯（Labeo Antistius）[1] 论 soror（姐妹），普布利乌斯·尼基第乌斯论 frater（兄弟）的词源。

（1）安提斯提乌斯·拉贝奥主要致力于市民法的研究，并且向咨询者正式解答有关法律的问题（de jure publice responsitavit）[2]；但是并不疏远其他的学科，对文法、辩证法以及深奥的古典文学更是钩深索隐，他对拉丁语词的来源与形成颇有心得，并且运用这种知识来阐明法律的诸多难解之处。（2）在他去世后出版的名为《遗著集（Posteriores）》的著作中的连续三卷、也就是第 38、39 和 40 卷中，全都是对拉丁语的阐明和释义之类的著述。（3）除此之外，在他名为《论大法官告示（Ad Praetoris Edictum）[3]》的著作中，也有很多巧思妙解和独得之见。试举一例，我们在他《论大法官告示》这部著作的第 4 卷读到："soror（姐妹）

1　参看本书第 1 卷第 12 章注。

2　即他拥有"正式解答权（Jus Publice Respondendi）"，这是奥古斯都授予法学家的特权，这项特权在罗马帝国前期授给了大约 30 名法学家。法学家受特命保护的解答并不具备官方决议的效力，它们不得强制性地与法官发生关联，但是具有事实上的权威性，并可作为先例加以引用。

3　有关大法官告示参看本书第 10 卷第 15 章。

之所以得此名，是因为她们生下来就是分离的（seorsum），要从她们所出生的家庭分离出来，转入另一个家庭。[1]”

（4）另外，博学多识的普布利乌斯·尼基第乌斯对 frater 一词的词源也做了同样精妙的解释：“frater（兄弟）之有此名，因为他几乎就是另一个自我（fere alter）。”[2]

1 即通过婚姻。这种说法自然是错的，soror 这个词实际上由两个成分构成，swe-表示家庭这一社会群体，如 socrus（婆母、岳母），-sor 指这个群体中的女性，如 uxor（妻子）。

2 实际上似乎应与希腊语 φράτηρ（胞族成员）有关。

第 11 章

马尔库斯·瓦罗认为合适且恰当的与宴者数量，以及他对餐后甜点和甜食的看法。

（1）马尔库斯·瓦罗的《梅尼普斯讽刺诗》（Saturae Menippeae）中，有一卷名为《你不知道夜晚会带来什么（nescis, quid vesper serus vehat[1]）》的妙书，他在书中讨论了与宴者的合适数量以及宴会本身的习惯与式样。（2）他认为，与宴者的数量应当以美惠女神（Gratiae）[2]的数量为起点，以缪斯（Muse）[3]女神的数量为上限，也就是说，宴会人数最少不能少于三个，宴会人数最多不能超过九个。[4]（3）他还说："人数不应当太多，因为人群（turba）往往会闹闹哄哄，在罗马人们站着，在雅典人们坐着，

1 显然是一句谚语。维吉尔《农事诗(Georgicon)》第 1 卷第 461 ~ 463 行，"Denique, quid vesper serus vehat……. sol tibi signa dabit(而后，夜晚会带来什么……太阳会给你信号。)"

2 美惠女神（Gratiae）是古罗马象征青春、美丽和欢乐的三个女神。相当于希腊神话中的 Χάριτες。

3 缪斯（Muse）是希腊－罗马神话中的一组女神姐妹，共九位，掌管所有的人文艺术和科学。

4 奥索尼乌斯（Ausonius，古罗马诗人，约公元 310 年—394 年）有诗云："我请了五位过来，因为六人不多不少，若是再多几个，实在太过吵闹。"

但是就是没有躺着的地方。”[1]他又说：“宴会本身有四种要素，如果请来的皆为可爱人士（belli homunculi），地点选的好，时间合适，准备妥当，那么所有的要素就都满足了。”他还说：“既不要邀请夸夸其谈的客人，也不要邀请沉默寡言的客人，因为雄辩适用于广场和法庭，沉默不适用于宴会而适用于卧室。”（4）他认为，此时的谈话不能涉及令人恼怒与不愉快的事情，而是轻松愉快、富有益处的，带着循循善诱的吸引力和快乐，让我们的心灵更加优雅和惬意。（5）他说：“如果我们谈论那些与共同的生活乐趣有关的事情，而这些事情是我们平时在广场和日常劳作中无暇论及的，那么自然而然就能达到这一点。”他还说：“宴会的主人与其说应当举止优雅，倒不如说更应当远离粗俗。在宴会上，并非所有东西都可供朗读，只有那些既有益又有趣的文章最为合适。[2]”

（6）他也没忘了提及餐后甜点应当是什么样的。他用了这样的话：“甜食（bellaria）在不甜时是最甜的（maxime mellitus），[3]因为甜食与消化是勾心斗角的的盟友。”

（7）为了避免令人困惑，应当说明，瓦罗在这里所用的 bellaria 一词，是指所有的餐后甜点（mensa secunda）。希腊人称之为 πέμματα（糕点）或 τραγήματα（甜点）的，我们的先辈称之为 bellaria。在早期的喜剧中，可以发现这个词也被用来称呼我们称为之 Liberi bellaria 的甜酒。

1 此处是指公众集会上的人群。

2 朗读或者音乐是罗马晚宴上的常见娱乐形式。这段引文又见于本书第 1 卷第 22 章第 5 节，文字略有不同但是更加完整。

3 瓦罗爱好文字游戏的一个例子。maxime mellitus 既表示甜味，也表示吃了之后的愉快感。

第 12 章

平民保民官有逮捕权，但无传唤权。

（1）我们在阿泰乌斯·卡皮托（Ateius Capito）[1]的一封信中读到，安提斯提乌斯·拉贝奥对罗马人民的法律、风俗以及市民法的精通程度是无与伦比的。（2）他又说："但是，一种极端而疯狂的自由理念促使他在神圣的奥古斯都业已成为统治者、控制了共和国之时，依然持有这样态度，即，一项规定，除非他在古代罗马文献中看到以前曾经得到过批准与颁布，否则他一概不予相信与尊重。"（3）卡皮托还谈到当平民保民官派出信使（viator）[2]传唤这个拉贝奥时，他是怎么回答的：（4）"平民保民官们收到某位妇人针对拉贝奥的控诉后，派人来到加尔利阿努姆（Gallianum）[3]，传他到庭答复此妇人的指控。拉贝奥吩咐来者回去告诉平民保民官们，他们没有权力传唤他或其他任何人，因为根据祖先的习惯，平民保民官有逮捕权，但无传唤权。因此他们可以前来下令逮捕他，

1 即盖乌斯·卡皮托·阿泰乌斯，参看本书第 1 卷第 12 章注。

2 参看本书第 12 卷第 3 章注。

3 加尔利阿努姆（Gallianum）可能是拉贝奥的乡间住所。他每年有一半时间隐居。见《学说汇纂（Digesta）》1.2.2.47。

但是没有传唤缺席者的权力。”

（5）在卡皮托的这封信中读到这段话之后，我们后来在马尔库斯·瓦罗的《人事记》第 21 卷中也发现了同样的但更为详尽的论述，我们将瓦罗论此问题的原话抄录如下：（6）“行政官中，有些有传唤权，有些有逮捕权，有些两者都没有。执政官以及其他有全权（imperium）[1]的官员有传唤权；平民保民官以及其他有信使的官员有逮捕权；财务官以及其他既无扈从又无信使的官员既无传唤权，也无逮捕权。有传唤权者也可以对应传唤而到场的或者已下令召唤前来的任何人执行逮捕、拘留和带走。平民保民官没有传唤权，但是有不少对此一无所知的人仍在运用这一权力，好像他们拥有这种权力。某些平民保民官不仅传唤平民，还把执政官传唤到讲台（rostra）[2]前。我自己是执掌刑狱的三人团（triumviri capitales）[3]成员，受到平民保民官普布利乌斯·波尔基乌斯（P.Porcius）[4]传唤时没有前往，我这样做是根据原始的权威并遵守古老的法律。当我也成为平民保民官时，我从不下令传唤任何人，也不让任何人违反其意愿而服从我的同僚的传唤。”

（7）我认为，当时作为平民的拉贝奥[5]对瓦罗所讲述的这种在被平民保民官传唤时可以不去的法律过于轻信了。（8）可是，该死的，有什么理由拒绝接受拥有逮捕权的人的传唤呢？因为谁可以被依法逮捕，谁就可以被关入监狱。（9）但是当我们问，为什么

1 全权（imperium），由“关于指挥权的库里亚法（Lex Curiata de Imperio）”授予独裁官、执政官、骑兵长官与大法官的民事上和军事上的指挥权。其象征物便是他们的扈从所持的法西斯束棒。

2 rostrum 原意是装在战船头用以撞沉敌船的兽头形尖角。此处复数 rostra 指罗马广场所建立的讲坛或者审判台，台周边回廊上饰有公元前 338 年在安提乌姆（Antium）战役中所获敌舰之船头。

3 罗马于公元前 300 年左右设置的掌管轻微犯罪的低级职位。瓦罗公元前 95 年—前 90 年间任刑狱三人团成员，前 87 年—前 81 年任平民保民官。不过这些年份尚存争议。

4 普布利乌斯·波尔基乌斯生平不详。

5 此时拉贝奥还未担任行政官职务。

平民保民官拥有最高的强制权，但却没有传唤权……，[1]因为平民保民官的职位被认为是在古代设置的，不是为了进行审判，也不是为了审理缺席当事人的讼争与申诉，而是在紧急需要时动用他们的否决权（intercessio）[2]，以制止不公正事件在他们面前发生。因此他们被剥夺了在罗马城外过夜的权利，[3]平民保民官们的时常在场与亲眼监督对于制止暴力而言是很有必要的。

1　此处当有阙漏，阙漏部分大意可能是："我们可以认为"。

2　只要他们本人在场，平民保民官对罗马城范围内的任何行动或者行动计划拥有其独享的否决权，包括行政官员的选举、元老院的法律政令以及行政官员的行动。

3　参看本书第3卷第2章第11节。

第 13 章

马尔库斯·瓦罗的《人事记》记载，罗马人民的营造官和财务官可以被平民[1]传唤到大法官庭前。

（1）我记得，当我从书籍和老师们所在的偏僻幽静之处走出来，回到人群中，沐浴在广场的阳光之下时，在罗马许多公开解释和回答法律问题的地方（stationes）[2]，有一个问题会问到：罗马人民的财务官（quaestor）能否被传唤到大法官（praetor）庭前（in ius）。（2）财务官能否被传唤，这可不是一个不切实际的问题，而是一个有可能在现实中发生的问题。（3）有不少人认为大法官无权召唤财务官，因为毫无疑问，财务官属于罗马人民的行政官（magistratus），所以不能被传唤；如果他不愿意前来，也不可能在不损害其职务威严的情况下将其扣押并强行带来。（4）我当时正在研读马尔库斯·瓦罗的《人事记》，发现这一问题经常受到询问和质疑，于是取出《人事记》的第 21 卷，其中这样写道："市

1 原文为 privatus，意思是无官方职位的人。

2 在这些地方或者十字路口，人群站着聚集在一起，向法学家请教法律问题。从奥古斯都年代起，法学家们所作的解答得到了官方的承认。参看本卷第 10 章注 2。

民有权传唤那些没有个别地传唤与逮捕人民的权力的行政官。马尔库斯·莱维努斯（Marcus Laevinus）[1]，一位高级营造官，就被一位平民传唤到了大法官面前。今天，这些人身边环绕着公共奴隶，他们不仅不能被逮捕，反而还能驱散人民。”

（5）瓦罗在该卷中谈到了营造官，但是在同一卷中的前文中瓦罗又提及财务官没有传唤或逮捕的权力。[2]（6）于是读过该卷的两处内容，大家都同意瓦罗的观点：财务官可以被传唤到大法官面前。

1　可能是指公元前220年任执政官的马尔库斯·瓦勒里乌斯·莱维努斯（Marcus Valerius Laevinus），他曾在公元前229年任高级营造官。

2　参看前一章第6节。

第 14 章

什么是城界（pomerium）。[1]

（1）写作了《论占卜（De Auspiciis）》一书的罗马人民的占卜师们（augures）[2]对什么是“城界（pomerium）”作出了如下的定义：“城界是由占卜师沿着整座城市的周边，在田野之内城墙之外的地区所划定的地带，其形成了城市占卜的边界。”[3]（2）最古老的城界是由罗慕路斯建立的，以帕拉丁山山脚为界。随着国家的壮大，城界也数次扩张，将诸多高山包围了进去。（3）而那些用从敌人那里夺取的土地来扩大罗马人民的疆域的人也有权扩张城界。

（4）因此有人问，直到现在还有人在问，为什么罗马的七座山丘中，其他的六座都在城界内，而唯独阿芬丁山（Aventinus），既不遥远也非人烟稀少，却位于城界之外，而无论是塞尔维乌斯·图

1　此章所引用是梅萨拉的著作。瓦罗也可能在其《论拉丁语（De Lingua Latina）》第 5 卷第 13 章里引用了同一部书。

2　关于占卜师，参看本书第 1 卷第 12 章注。

3　大意是城界将罗马的乡村地区和城市分隔开来，占卜只能在城界之内进行。城界用一条犁沟来标明。

利乌斯王（Servius Tullius Rex）[1]还是谋求扩张城界之荣誉的苏拉（Sulla）[2]，以及后来的神圣的尤利乌斯·凯撒，在扩张城界之时，都没有将其纳入城界之中？[3]

（5）梅萨拉（Messala）[4]写道，此事看起来有很多原因，但是其中他赞同的只有一个，那就是雷穆斯（Remus[5]）曾为建城而在那座山上以鸟占卜，他发现鸟示不祥，被罗慕路斯的占卜所胜过。（6）梅萨拉说："因此，所有扩张边界的人都把那座山排除在外，因为那座山因不祥的鸟而不吉。"

（7）但是关于阿芬丁山，我以为不当略过我不久前在古代语法学家艾利斯（Elys）[6]的《笔记（Commentarius）》一书中所看到的内容。他在书中写到，阿芬丁山像我们所说的那样，原先被排除在城界之外，但是后来根据神圣的克劳狄乌斯（Claudius）[7]的提议，又被接纳，被视为在城界之内。

1　塞尔维乌斯·图利乌斯（Servius Tullius），公元前579年—前534年在位，罗马七王之第六位。

2　即卢基乌斯·科尔内利乌斯·苏拉（Lucius Cornelius Sulla），参看本书第1卷第5章注。

3　塔西陀《编年史》第12卷23章："按照古昔的风俗，帝国的疆域在扩大时，城界也有权利相应地扩大。不过甚至在征服了若干强国之后，也没有任何罗马统帅行使过这项权利，例外的只有卢基乌斯·苏拉和神圣的奥古斯都二人。"中译文据王以铸、崔妙因译本。同书第12卷24章还有更多关于城界的叙述。

4　马尔库斯·瓦勒里乌斯·梅萨拉·鲁福斯（Marcus Valerius Messalla Rufus，公元前103年—前26年），公元前81年因苏拉的原因被任命为占卜师。可能是前62年或前61年的大法官。前53年任执政官。他那些关于占卜以及关于贵族家族的著作是后代作者的一个重大资料来源，但均已佚失。

5　参看本书第1卷第16章注。

6　此人名显然不完整，具体指谁无法确定。

7　克劳狄乌斯（Tiberius Claudius Caesar Augustus Germanicus，公元前10年—公元54年），罗马皇帝，公元41年—54年在位。

第 15 章

占卜师梅萨拉书中的话，他在书中指出低级行政官所指何人，以及执政官和大法官是同僚，以及其他一些有关占卜的事。

(1) 在执政官宣告百人队大会（comitia centuriata）将于何时召开的告示中，写法沿用了不变的古老格式：“不要让某个低级行政官观察天空。”[1]（2）于是，经常有人问，低级行政官所指何人。（3）这个问题不需要我浪费口舌，因为占卜师马尔库斯·梅萨拉的《论占卜》第 1 卷在我写作此文时恰好在手边。（4）因此我引用梅萨拉书中的原话：“贵族的占卜[2]分为两类权力，最高的是执政官、大法官、监察官的占卜。他们之间的所有占卜并不都等同或具备相同的权力，因为监察官不是执政官或大法官的同僚，而大法官才是执政官的同僚。因此，执政官或大法官不得干扰或阻拦监察官的占卜，而监察官也不得干扰或阻拦执政官或大法官的占卜；但是监察官相互之间，以及执政官或大法官相互之间则可以维持或废弃占卜。虽然大法官是执政官的同僚，但是不能合法提名大法官或

1 即为了预卜吉凶而观察天空。

2 这些官职在一开始是保留给贵族的，所以相应的占卜被称为贵族的占卜。

执政官，就像我们从先辈那里获知，或在此前一直遵循，并如在盖乌斯·图狄塔努斯（Gaius Tuditanus）[1]的《笔记（Commentarius）》第13卷中所说明的那样；因为大法官权位较低，执政官权位较高，较高的权位不能由较低的权位合法提名，较高的同僚也不能由较低的同僚合法提名。如今，当由大法官选举大法官时，我遵循古老的榜样，也不在这些大会上执行占卜师之责。提名监察官不是根据与执政官或大法官同样的占卜。其他行政官则使用等级较低的占卜。因此后者被称为'低级的'行政官，而前者被称为'高级的'。低级行政官在部落大会（comitia tributa）上选出，但是由库里亚大会法令（Curiata Lex）授予合法职权；高级行政官则由百人队大会产生。"[2]

（5）梅萨拉通过这番话说明了，低级行政官是谁以及为什么被称为低级行政官。（6）他也指出了大法官是执政官的同僚，是根据同一占卜产生的。（7）此外，据说高级行政官拥有更高等级的占卜，因为他们的占卜较之他人的更有权威。[3]

1 盖乌斯·塞姆普罗尼乌斯·图狄塔努斯（Gaius Sempronius Tuditanus）是公元前132年的大法官，公元前129年任执政官。著有《行政官之书（Libri Magistratuum）》，即此处的《笔记》。

2 关于这些大会，请参看本书第15卷第27章。

3 执政官、独裁官、大法官适用高级占卜，而高级营造官、财务官、大祭司适用低级占卜。

第16章

同一位梅萨拉的话，他论述向人民演说（loqui ad populum）和与人民商议（agere cum populo）是两件不同的事，以及什么样的行政官可以解散[1]什么样的人召集的民众大会。

（1）同一位梅萨拉在同一卷书中就低级行政官这样写道："执政官可以解散由任何行政官召集的民众大会（comitium）[2]和集会（contio）[3]。大法官可以在任何时候解散除了执政官召集的以外的民众大会和集会。低级行政官不能解散任何民众大会和集会。因此，他们中间第一个召集民众大会的人在合法地行事，因为既不能分两次与人民商议，一方也不能解散由另一方召集的民众大会。但是如果他们希望发表演说（contionem habere）而不与人民商议的话，那么任何数量的行政官都可以同时发表演说。"（2）梅萨拉通过这番话说明了，"与人民商议"与"向人民演说"

1 原文是avoco，意思是叫人们离开。

2 民众大会（comitium）参看本书第10卷第20章注。

3 集会（contio）是由行政官或者祭司召开的公众集会，任何人包括妇女、奴隶和外邦人都可以参加。会议上不会产生任何实际的法律，但可成为一个较长的正式程序的一部分，比如一场当众审判。

是不同的。（3）因为“与人民商议（cum populo agere）”是提请人民通过表决来命令和禁止什么，而“向人民发表演说”是指向人民发言而不提出任何提案（rogatio）。

耶路撒冷圣殿的毁灭

〔法〕尼古拉斯·普桑（1594—1665）

第 17 章

教养（humanitas）并不是村夫俗子所认为的那种含义，那些说纯正的拉丁语的人更恰当地使用了这个词。

（1）那些说拉丁语以及恰当地使用拉丁语的人，认为“教养”这个词并不具有村夫俗子所认为的那种含义，即希腊人称之为 φιλανθρωπία 的（仁爱），对各色人等一律乐善好施、慈爱怜悯；他们称之为“教养”的，大致如希腊文称之为 παιδεία（教育），我们称之为博雅教育与培养（eruditionem institutionemque in bonas artis）的事物。那些热切地渴望与追求这些的人是最杰出的有教养的人。对这种知识的关注和教育是人类所独有，其他所有的动物所没有的，因此被称为“教养”。[1]

（2）几乎所有的书籍都表明，我们的先辈就是如此使用这个词的，尤以马尔库斯·瓦罗和马尔库斯·图利乌斯为甚[2]。因此，我认为举出一个例子就足够了。（3）我从瓦罗的《人事记》第 1

1　拉丁语 humanitas 一词本意为人性。

2　如西塞罗《论演说家（De Oratore）》第 1 卷第 71 章，第 2 卷第 72 章。

卷中摘录出一段话，开头是："因为普拉克西特列斯（Praxiteles）[1]技艺高超，有教养者几乎无人不知其大名。"（4）瓦罗没有按村夫俗子所说的那种含义使用 humaniori 一词，即虽然未经教育，但却和蔼、温顺与慈悲，因为这不符合他的原意，而是说受过教育、有些知识的人，都应当从书本或历史中知道普拉克西特列斯这个人。

雅典学院（局部）

〔意大利〕拉斐尔（1483—1520）

1　普拉克西特列斯（Praxiteles，希腊文 Πραξιτέλης），雅典人，公元前 4 世纪最著名的阿提卡雕塑家。第一个按原型尺寸雕刻裸体女像的人。

第 18 章

马尔库斯·加图的“功亏一篑（inter os et offam）”[1]这句话究何所指。

（1）监察官马尔库斯·加图曾发表过名为《论选举营造官之恶（De Aedilibus Vitio Creatis）》的演说。演说中有这样的话：“现在人们说，正在长穗的禾苗意味着好收成。不要对此抱太大希望。我经常听说，在嘴巴和糕饼之间还会发生很多事情；不过，从禾穗到糕饼确实有很长的一段距离。”（2）埃鲁西乌斯·克拉鲁斯（Erucius Clarus）[2]是罗马的城市长官（praefectus urbi），曾两度当选为执政官，对古代的风俗和文学最为热心，他致信苏尔皮基乌斯·阿波利纳瑞斯，我们的记忆中最为博学之人，询问并恳求他回信说明这些词的含义。（3）我那时还是个年轻人，正在罗马跟随阿波利纳瑞斯求学。于是他当着我们的面回信给克拉鲁斯，就像写给学者一样，以最简洁的方式告诉他“在嘴巴和糕饼之间”与希腊的这句格言诗含义相同：

1 直译为在嘴巴和糕饼之间。

2 此人在本书第 7 卷第 6 章中也出现过。公元 146 年第 2 次任执政官。

Πολλά μεταξύ πέλει κύλικος και χείλεος άκρου。

从杯子边到嘴唇边距离尚远。[1]

欧里庇得斯坐像

欧里庇得斯（约公元前 484 年—前 406 年），希腊剧作家。与埃斯库罗斯和索福克勒斯同称为希腊三大悲剧作家。

1 索福克勒斯的或者欧里庇得斯的诗句。

第 19 章

柏拉图把索福克勒斯的诗句归到欧里庇得斯名下，以及其他诸如此类的事情。[1]

（1）有一句在古代很有名的六音步诗：

σοφοὶ τύραννοι τῶν σοφῶν ξυνουσίᾳ.

与智者相交让僭主成为智者。

（2）在《泰阿泰德篇（Theaetetus）》中[2]，柏拉图把这首诗说成是欧里庇得斯的。这让我感到颇为讶异，因为我在索福克勒斯名为《洛克罗斯的埃阿斯（αἴας λοκρός）》[3]中读到过这句诗。而索福克勒斯生于欧里庇得斯之前。

（3）此外，这句诗也同样有名：

γέρων γέροντα παιδαγωγήσω σ᾽ ἐγώ.

1　原文篇头缺失，此篇头系英译者所加。

2　实际上见于柏拉图的《泰阿格斯篇（Θεάγης）》125B 中，在《理想国（Πολιτεία）》第 8 卷 568a 中也有相同的内容。值得注意的是，《泰阿格斯篇》一般认为是一部伪作（参看 Michael Erler：Kleines Werklexikon Platon，Kröner，斯图加特，2007 年版，第 114 页）。

3　此剧仅存残篇。关于该残篇和该句的详细研究，可参看 R. C. Jebb 等人编：The fragment of Sophcles，Cambridge University Press，2009，第 1 卷，第 8 页以下，该句残篇编号 14。

年老如我将要带领年老如你。

这句诗不仅出现在索福克勒斯题为《弗提亚之地（φθιώτιδες）[1]》的悲剧中[2]，也出现在欧里庇得斯的《酒神的伴侣（Bacchae）》中[3]。

（4）我观察到，在埃斯库罗斯（Aeschylus）[4]的《取火者普罗米修斯（Πυρφόρος Προμηθεὺς）》和欧里庇得斯名为《伊诺（Ἰνώ）》的作品中也有相同的诗句，除了少量音节不同。埃斯库罗斯是这样的：

σιγῶν θ' ὅπου δεῖ καὶ λέγων τὰ καίρια.

必要时保持沉默、恰当时方可开口。

而欧里庇得斯则如此：

σιγᾶν θ' ὅπου δεῖ καὶ λέγειν ἵν' ἀσφαλές.

必要时保持沉默、安全时方可开口。

不过埃斯库罗斯可是早了许多。[5]

1 弗提亚（Φθία/Phthia）是古希腊色萨利的一个地区，希腊神话中阿喀琉斯的王国。

2 此剧也仅存残篇。同见上书第 2 卷，307 页，残篇编号为 695。

3 《酒神的伴侣》第 193 行。

4 埃斯库罗斯（Aeschylus，公元前 525/524 年—前 456/455 年）希腊悲剧作家。公元前 490 年曾参与雅典人的马拉松战役。公元前 484 年赢得雅典第 1 次戏剧比赛的冠军。所写剧作约有 80 部，但仅有 7 部存留下来。

5 据传说，欧里庇得斯出生于萨拉米斯海战那一天（公元前 480 年），埃斯库罗斯参加了战斗，而索福克勒斯此年 16 岁，参加了战胜后的庆祝活动。

第 20 章

波尔基乌斯（Porcius）家族的家系与名字。

（1）当我和苏尔皮基乌斯·阿波利纳瑞斯，以及我和他的一些密友一起坐在提比略图书馆[1]的屋子之中时，碰巧有人送过来一卷署名为马尔库斯·加图·奈波斯（Marcus Cato Nepos）的书。（2）我们就开始问马尔库斯·加图·奈波斯是何方神圣。（3）一个年轻人，从他的谈吐上我猜想他并非粗鄙无知之人，说道："这是马尔库斯·加图，奈波斯（Nepos）不是其家名（cognomen）[2]，他是监察官马尔库斯·加图（Marcus Cato Censorius）的孙子

1　提比略（Tiberius，公元 14 年—26 年在位）图书馆设在提比略宫中。提别略宫建于公元 60 年，后由图密善（Domitianus，公元 81 年—96 年在位）重建。

2　罗马人一般有三个名字，本名（praenomen），族名（nomen），家名（cognomen），除此之外还有附加名（agnomen）。附加名中的一种是荣名，标志该名的主人曾经在该名所标识的地点取得过辉煌的胜利（荣名本身不能传给后代，但后来后代以将荣名与绰号变为家族名的形式加以继承），比如罗马著名的军事将领和政治家普布利乌斯·科尔内利乌斯·西庇阿·阿非利卡努斯（Publius Cornelius Scipio Africanus），他的本名是普布利乌斯、族名是科尔内利乌斯，家名是西庇阿，荣名是阿非利加努斯［纪念他在非洲的扎马（Zama）击败迦太基名将汉尼拔］。另一种附加名是氏族源流名，比如，卢基乌斯·埃米利乌斯·保卢斯（Lucius Aemilius Paullus）被普布利乌斯·科尔内利乌斯·西庇阿收养了，他的全名就变成了普布利乌斯·科尔内利乌斯·西庇阿·埃米利阿努斯（转下页）

（Nepos），他儿子的儿子。此人是大法官马尔库斯·加图[1]的父亲，后者在内战时在乌蒂卡（Utica）[2]挥剑自裁。西塞罗有一卷名为《加图赞（Laus Catonis）》[3]的书记述了此人的生平，西塞罗在那本书中说他是监察官马尔库斯·加图的曾孙。（4）因此西塞罗所称赞的那个人的父亲是马尔库斯·加图，他的演说以署名‘马尔库斯·加图之孙’得到流传。”

（5）然后阿波利纳瑞斯以他惯有的批评方式，用温和谦逊的语调说道：“我的孩子，我很敬佩你在这样小的年纪就能对加图的家族做这么一番论述，尽管你并不知道我们现在所询问的加图究竟是谁。（6）那位监察官加图不是只有一个，而是有很多个孙子，尽管他们不是出自同一个父亲。（7）演说家兼监察官马尔库斯·加图有两个儿子，他们由不同的母亲所生，年纪相差甚远。（8）其中一个儿子在年轻时失去了母亲，加图当时也已经年老，就娶了被保护人萨罗尼乌斯（Salonius）的处女女儿为妻，她为他生了马尔

（接上页）（Publius Cornelius Scipio Aemilianus），埃米利阿努斯意思是来自埃米利乌斯氏族的，加上这个附加名有表示不忘本源的意思。还有一种附加名是绰号，比如著名的古罗马暴君卡里古拉，卡里古拉（caligula）其实是他的绰号（caligula 意思是小军靴，因为卡里古拉童年时随其父日耳曼尼库斯在军营内生活，常穿军靴），卡里古拉的原名其实是盖乌斯·尤利乌斯·凯撒·奥古斯都·日耳曼尼库斯（Gaius Julius Caesar Augustus Germanicus），他的本名是盖乌斯，族名是尤利乌斯，家名是凯撒和日耳曼尼库斯（罗马贵族有时候有好几个家名），而奥古斯都则是屋大维之后罗马皇帝们的专名。另外，罗马人还有一种专门表示父子孙关系的专名，比如在全名中插入 F.（filius 或 filia，儿子或女儿），N.（nepos 或 nepotis，孙子或孙女），比如斯普利乌斯·波斯图米乌斯·A·F·P·N·阿尔布斯·莱吉兰西斯（S. Postumius A. F. P. N. Albus Regillensis），意思是全名斯普利乌斯·波斯图米乌斯·阿尔布斯·莱吉兰西斯（Spurius Postumius Albus Regillensis），阿尔布斯的儿子，普布利乌斯的孙子。本文中的 nepos 显然属于这种用法。

1　即马尔库斯·波尔基乌斯·加图·乌提肯西斯（Marcus Porcius Cato Uticensis，公元前 95 年—前 46 年），或称小加图（监察官加图则为老加图）。著名的演说家，遵循斯多葛派准则。公元前 60 年成为元老院领袖，公元前 54 年任大法官。长期持对抗三巨头的立场。法萨卢（Pharsalus）战争之后，他在非洲仍然坚持共和观点。凯撒在塔普苏斯（Thapsus）获胜后，他拒绝给凯撒表现仁慈的机会，在乌蒂卡（Utica）自杀身亡。

2　迦太基西北的一个城市。

3　西塞罗本人在《演说家（Orator）》第 35 节、《论预言（De Divinatione）》第 2 卷第 3 节等处都称此文为“《加图（Cato）》”。

库斯·加图·萨罗尼阿努斯（Marcus Cato Salonianus）[1]，萨罗尼阿努斯这一家名来自他的外公。（9）监察官加图的长子[2]在当选为大法官后去世，那时他的父亲还活着，他留下了极佳的著作《论法学（De Juris Disciplina）》，他生的就是我们现在询问的这个加图，即他的儿子，监察官加图的孙子。[3]（10）他是一位活跃的演说家，留下了很多效仿其祖父的演说，他与昆图斯·马尔基乌斯·莱克斯（Quintus Marcius Rex）[4]同时担任执政官，后来在任职期间去了非洲行省并死在那里。（11）但是他并不如你所说，是在乌蒂卡自杀并为西塞罗所赞颂的那个前大法官马尔库斯·加图的父亲。这一位是监察官加图的孙子，而另一位是他的曾孙，并不必然意味着这一位就是另一位的父亲。（12）其演说刚被拿给我们看的这位孙子的确有一个名叫马尔库斯·加图的儿子，但并不是在乌蒂卡自杀的那位。这个加图在担任了牙座营造官与大法官后，前往那尔旁高卢（Gallia Narbonensis）并在那里结束了生命。（13）监察官加图的另一个年纪远小于其兄的儿子，如我前述被称为萨罗阿努斯的，生了两个儿子：卢基乌斯·加图与马尔库斯·加图。（14）此马尔库斯·加图担任过平民保民官，在竞选大法官时去世；他生的儿子就是内战时在乌蒂卡自裁的那个前大法官马尔库斯·加图。当马尔库斯·图利乌斯描述他的生平和功绩时，说他是监察官加图的曾孙。（15）因此你们看到的监察官加图的小儿子的子孙的家系，不仅在

1　马尔库斯·波尔基乌斯·加图·萨罗尼阿努斯（Marcus Porcius Cato Salonianus，公元前 152 年—？），监察官加图第二任妻子所生的儿子。在大法官任上去世。

2　即马尔库斯·波尔基乌斯·加图·李基尼阿努斯（Marcus Porcius Cato Licinianus，？—公元前 152 年），监察官加图的长子，为他第一任妻子李基尼亚（Licinia）所生。他以法学家身份而闻名。

3　即马尔库斯·波尔基乌斯·加图（Marcus Porcius Cato，？—公元前 118 年），监察官加图的孙子，马尔库斯·波尔基乌斯·加图·李基尼阿努斯的长子，一个出色的演说家。公元前 121 年任大法官。前 118 年任执政官。在任期间，曾去非洲调停努米底亚（Numidia）国王米奇普撒（Micipsa）的继承者们之间的冲突。同年去世。

4　昆图斯·马尔基乌斯·莱克斯（Quintus Marcius Rex），公元前 118 年的执政官。曾因战胜利古里亚（Liguria）的斯托伊尼人（Stoeni）而获得凯旋式荣誉。

分支上不一样，在时间上也大相径庭；因为如我所说，萨罗尼阿努斯是在他父亲的暮年出生的，他的后代就会比其兄的后代要迟了许多。（16）这种时间上的差异，你们可以在读这篇演说时轻易地从中看出。”

（17）这就是苏尔皮基乌斯·阿波利纳瑞斯在我们聆听时所说的话。随后我们读了《葬礼颂词（Laudatio Funebris）》[1]与《波尔基乌斯家族系谱录（Liber Commentarius de Familia Porcia）》，发现正如他所说的那样。

献礼凯撒

〔意大利〕曼弗雷迪（1582—1622）

1　在贵族家庭中，葬礼颂词是传统而必需的。它由一位家族成员来宣读，逐一回顾死者本人以及其先人所获的种种荣耀。

第 21 章

较之文法家所发明的繁文缛节，杰出的作者更注重语词的韵律是否悦耳，希腊人称其为“谐美之音（εὐφωνία）”。

（1）我从普罗布斯·瓦勒里乌斯（Probus Valerius）[1]的一个熟人处获知，有人曾经问他，在说“这些城市”时，是用 has urbis 好还是 has urbes 好；在说“这些塔楼”时，是用 hanc turrem 好还是 hanc turrim 好。他回答说：“如果你是在作诗或写散文（orationem solutam），而且你要用到这些词汇，那么就不要拘泥于文法家的那些陈腐不堪的繁文缛节，而是问你自己的耳朵，在某处用什么词是最适当的；耳朵听起来悦耳的，那就是最正确的。”（2）那人又问：“那应该怎么问我的耳朵呢？”（3）普罗布斯回答说：“就像维吉尔问他的耳朵一样，他根据耳朵的感受所提供的判断和建议，在不同的地方分别使用 urbis 和 urbes。”（4）他又说：“我在《农事诗（Georgicon）》的第 1 卷中就读到了诗人亲手修正的内容，他在城市一词中就用了字母 i，诗句的原文如下：

1　即马尔库斯·瓦勒里乌斯·普罗布斯，参看本书第 1 卷第 15 章注。

urbisne invisere，Caesar，

terrarumque velis curam.

凯撒，若是你有意观察这些城市（urbisne），

以及这片国土的治理。[1]

反过来，如果你读成 urbes，你就会不经意地让诗句变得粗笨无聊了。（5）在《埃涅阿斯纪》的第 3 卷中，维吉尔在城市一词中又用了字母 e：

centum urbes habitant magnas.

他们居住在 100 座巨大城市里。[2]

如果你读成 urbis，发音就显得太飘忽而且软弱无力；在邻近的发音之间的和谐方面，不同词的组合的差异居然如此显著。（6）除此之外，同一个维吉尔还用了 turrim 而不是 turrem，securim 而不是 securem：

turrim in praecipiti stantem

塔楼（turrim）矗立在顶上的边缘。[3]

以及

incertam excussit cervice securim.

甩掉颈上未致命的斧子（securim）。[4]

我认为，这一用法比在这两处读成 e 显得更为悦耳和轻盈。”（7）但是，提问的是一个生性粗鲁、听觉迟钝的人，他又继续问：“我还是不太明白，为什么您说某个词汇在某个地方就比别的词汇更正确。”（8）普罗布斯不耐烦地回答：“不必非要去探究你是该说 urbis 还是 urbes，因为在我看来，您是属于那种即使说错了也无伤大雅的人，无论你怎么说，于你都毫发无损。”

1 《农事诗》第 1 卷第 25 ~ 26 行。urbis 是 urbs 最初的复数宾格形式。

2 《埃涅阿斯》第 3 卷第 106 行。

3 《埃涅阿斯》第 2 卷第 460 行。turrem 和 turrim 都是 turris 的阴性单数宾格。

4 《埃涅阿斯》第 2 卷第 224 行。securem 和 securim 都是 securis 的阴性单数宾格。

（9）普罗布斯就是用这些话和这样的结语把那个人打发的，这是他对待粗俗无知者的方式，虽然严厉了些。（10）我们后来还发现了维吉尔使用的这种双重拼法的另一个相似例子。他在同一处使用了 tres 和 tris，这一决断是如此优雅，以至于如果你把这两个词的位置颠倒过来读的话，在倾听时就会感到发音不那么悦耳了。（11）第 10 卷中的原文如下：

Tres quoque Threicios Boreae de gente suprema

et tris quos Idas pater et patria Ismara mittit

还有三个（tres）色雷斯（Thracia）[1] 人，来自崇高的玻瑞阿斯（boreas）家系

以及伊达斯（Idas）从祖国伊斯马罗斯（Ismarus）[2] 派来的三个（tris）儿子。[3]

前面的 tres，后面的 tris，斟酌考量一下，你会发现每个词在其位置都恰到好处。（12）但是在以下几行维吉尔的诗中：

haec finis Priami fatorum，

这（haec）就是普里阿摩斯（Priamus）命运的结局，[4]

如果你把 haec 改成 hic finis，就显得粗糙难听了，你的耳朵也会对你所做的改变敬而远之。同样，在以下诗句中，你如果不按维吉尔的用法而予以改动，也会让诗句变得不那么悦耳：

Quem das finem，rex magne，laborum？

1 色雷斯，在古希腊时代，色雷斯以多瑙河、爱琴海和黑海为界。古色雷斯人为印欧血统，公元前 20 世纪已在此定居。公元前 7 世纪希腊人在这里建立起殖民地。公元前 6 世纪此地臣服于波斯。公元前 4 世纪又被马其顿征服。公元 1 世纪时这里成为罗马的一个行省。

2 伊斯马罗斯（Ismarus）是奇科奈斯人（Cicones）的城市，位于色雷斯的爱琴海岸，见于《奥德赛》。

3 《埃涅阿斯》第 10 卷第 350 ~ 351 行。

4 《埃涅阿斯》第 2 卷第 554 行。hic 是阳性代词，haec 是阴性代词。finis 可阴可阳。haec 和句中的 4 个元音 i 有对比效果。

伟大的王啊，对这些苦难，你会赐予怎样的（quem）结局呢？[1]

因为如果你读成 quam das finem，你就会不经意地让发音变得粗糙无力了。

（13）恩尼乌斯在以下诗句中，违背词汇公认的性属，也说过“挺拔的柏树（rectos cupressos）”：

Cautibus nutantis pinos rectosque cupressos.

悬崖上松树摇曳，柏树挺拔。[2]

我认为，在他看来，说 rectos 比说 rectas 更加雄浑有力。（14）与此相反，同一个恩尼乌斯在《编年纪》的第 12 卷中用 aere fulva 而非 fulvo，[3] 不仅是因为荷马说过 ἠέρα βαθεῖα（浓厚的雾）[4]，我认为似乎也是因为这发音听起来更为洪亮和悦耳。（15）同样，马尔库斯·西塞罗尽管文风平实，但在《控维勒斯》第 5 卷中用了 fretu 而不是 freto：“被狭窄的海峡分开（perangusto fretu divisa）”。[5] 说成 perangusto freto[6] 就显得更为粗糙和过时了。（16）在其《控维勒斯》第 2 卷中也使用了相似的韵律：“显见的罪行（manifesto peccatu）”，而没有使用 peccato；[7] 我在提罗的一两本最为古老也最值得信赖的抄本中发现了这种写法。（17）西塞罗的原话是：“无人过这般生活，以至于他生命中的每一部分都与极度的丑恶有关；无人在犯下如此显见的罪行时被抓住，以至于

1 《埃涅阿斯》第 1 卷第 241 行。此句杨周翰译为：“伟大的王啊，你何时才结束他们的灾难呢？”quem 与同一句诗中的其他元音 e 更加和谐。

2 《编年纪》第 490 行。cupressus 是阴性名词，rectos cupressos 却采用了阳性变格。目的应该是为了和同一句诗中的其他元音 o 与 u 声音和谐。

3 《编年纪》第 454 行。aere fulva 意思是在棕黄色雾气中，作者用了阴性夺格形容词装饰阳性夺格名词。fulvo（棕黄色）才是阳性夺格形容词。

4 《伊利亚特》第 20 卷第 446 行、第 21 卷第 6 行。

5 即《第 2 次控维勒斯》第 5 卷第 169 节。

6 fretu 原形 fretus，阳性；freto 原形 fretum，中性。意思均为海峡。

7 peccatu 原形 peccatus，阳性；peccato 原形 peccatum，中性。意思均为罪行。

他的行为已属无耻，若是否认，则更显无耻。”[1]

（18）此处的这个词的发音更为优雅，而且理由也真实而充分。（19）hic peccatus 如同 peccatio[2] 是正确的拉丁语，正如大多数先人所用的 hic incestus 和 hic tributus，前者指的不是犯罪之人，而是指所犯之罪；后者我们说成 tributum（贡品）。还有用 hic adlegatus 和 hic arbitratus 代替 adlegatio 和 arbitratio 的，我们说 arbitratu（见解）和 adlegatu meo（以我的怂恿）时即遵从此规则。（20）所以西塞罗说 in manifesto peccatu，就如同先人们说 in manifesto incestu。并非拉丁语中不能说 peccato，而是在这里 peccatu 显得更为轻柔悦耳。

（21）卢克莱修为了悦耳的缘故在以下的诗句中将 funis 变为阴性：

haut，ut opinor，enim mortalia saecla superne
aurea de caelo demisit funis in arva.
我认为，绝不是什么金色的绳索（aurea funis）[3]
把会死的族类从高高的天庭降到这片田野。[4]

他也可以保持原来的韵律，使用更为常见的：

aureus e caelo demisit funis in arva.

（22）马尔库斯·西塞罗也将女祭司称为阴性的 antistitae（女祭司），而不是根据语法规则读成 antistites。[5] 他虽然尽力避免早期演说家所使用的佶屈聱牙的词汇，还是会因为此处这个词的发音而感到愉悦，他说：“刻瑞斯（Ceres）[6] 女祭司与她神庙的女祭司

1 即《第 2 次控维勒斯》第 2 卷第 191 节。

2 peccatio 仅见于此处，应该是作者生造的。

3 aurea 是阴性形容词，而 funis 是阳性名词。下面的 aureus 是阳性形容词。

4 《物性论》第 2 卷第 1153 行。中译文参考了方书春译本。

5 《第二次控维勒斯》第 4 卷第 99 节。antistites 是 antistes（祭司）一词的复数形式，可同时用作阴阳两性。

6 刻瑞斯是罗马谷物女神。参看本书第 4 卷第 6 章注。

（Cereris atque illius fani antistitae）。”（23）有时人们不遵循词汇的规则与习惯用法，而只听命于自行其是地斟酌词汇的耳朵。（24）同一个马尔库斯·西塞罗在论及韵律优美、引人入胜的演说时说道：“我不知道他们究竟有怎样的耳朵，或者他们身上有什么东西近似于人。”[1]

（25）早期的文法学家注意到，荷马在某处用了 κολοιούς τε ψηράς τε（寒鸦和椋鸟）[2]，但在另一处没有用 ψηρῶν，而是用了 ψαρῶν：

> τῶν δ᾽ ὥς τε ψαρῶν νέφος ἔρχεται ἠὲ κολοιῶν
>
> 有如一群椋鸟或寒鸦飞着[3]

以此来追求词汇在每个位置特定而非共同的悦耳效果；因为如果将两者互换的话，两者的发音都会显得粗糙。

1 《演说家（Orator）》第 168 节。

2 《伊利亚特》第 16 卷第 583 行。

3 《伊利亚特》第 17 卷第 755 行。ψηρῶν 和 ψαρῶν 是 ψάρ（椋鸟）一词的阳性复数属格的两种拼法。

第 22 章

提图斯·卡斯特里西乌斯（Titus Castricius）[1] 向青年学生们所说的关于不得体的衣服和鞋子的话。

（1）提图斯·卡斯特里西乌斯（Titus Castricius）精通修辞术，在罗马是演讲与教学方面的一流人物，有着极高的威信与尊荣，并以其道德与学识受到神圣的哈德良（Hadrianus）[2] 的器重。因为我以他为师，我有次碰巧与他在一起。他看见他的某些身为元老的学生们在假日身穿托伲衫（tunica）和短披风（lacerna）[3]，脚穿高卢式凉鞋（gallicis calciatos）[4]，就说道："事实上我宁愿你们穿

1 见本书第 1 卷第 6 章注。

2 哈德良（Caesar Traianus Hadrianus Augustus，公元 76 年—138 年），罗马皇帝（公元 117 年—138 年在位）。图拉真的侄子和继位人。他放弃图拉真在亚美尼亚和美索不达米亚的征服地，又出兵镇压毛里塔尼亚和安息的动乱。兴建哈德良长城。因仰慕希腊文化，他完成雅典的宙斯神庙并建立希腊城市的联盟。

3 一种敞开的披风或斗篷，在肩部系住。

4 高卢式凉鞋是一种红色或者黑色的凉鞋，由四条交叉绕过脚踝和小腿的黑色带子缚住。作为元老，他们照理应该穿红皮的元老鞋（calceus senatorius）。

托伽（toga）；若是太麻烦[1]，至少系上腰带，披上斗篷（paenula）[2]。但是，即便你们现在的穿着从习惯来说尚可容忍，可是，身为罗马人民的元老，你们穿着凉鞋（soleatos）走过城市的大街就绝对不是一件得体的事，凭着赫拉克勒斯起誓，你们这样做，与马尔库斯·图利乌斯曾以耻辱罪予以指控的那个人无何不同。”

（2）在我们的倾听之下，卡斯特里西乌斯开始以罗马人特有的严肃就此事与其他相关之事发表谈话。（3）有不少听众问他，为什么将穿高卢凉鞋的称为soleatos（穿凉鞋的），而不是soleae（凉鞋）。（4）而卡斯特里西乌斯确实说得机智而无懈可击：（5）“通常所有那种只遮住脚底，让其他部分裸露，并以细带捆扎的鞋称为soleae，时常用希腊语称为crepidulae[3]。（6）而我认为，gallicae（高卢凉鞋）[4]是个新词，直到马尔库斯·西塞罗的时代前不久才开始得到使用，他在《第2篇反安东尼（Secunda Antonianarum）》中就用到了这个词：‘你穿着高卢凉鞋和短披风跑来跑去。’[5]（7）我没有在其他权威作家那里读到同样的用法；但是如我所说，人们把希腊语称那种鞋的κρηπῖδες首音节缩短，称为crepidae和crepidulae，并将制作这种鞋的鞋匠称为crepidarii。（8）塞姆普罗尼乌斯·阿塞里奥在其《历史（Libri Rerum Gestarum）》的第14卷写道：‘他向鞋匠索要制鞋所用的小刀。（crepidarium cultellum rogavit a crepidario sutore）。’”

1 到了罗马帝国时代，人们已经不大穿托伽了。他们在托伲衫外面披上各种披风或者斗篷。

2 斗篷（paenula）比起短披风（lacerna）更加正式隆重一些，带有风帽。

3 即希腊文κρηπῖδες。

4 gallicae即希腊语中的τροχαί。形状同soleae。鞋底用圆形鞋带绑住，是农民、旅人和僧侣的凉鞋。

5 《第2篇反安东尼》第76节。

第 23 章

论古代祈祷中的马尔斯（Mars）的尼里奥（Nerio）[1]。

（1）按照罗马的宗教仪式对不朽的诸神进行的祈祷，是记载在罗马人民的祭司的书籍和许多古代祈祷词中的。（2）在这些文献中如此写道："萨图尔努斯（Saturnus）的鲁阿（Lua）[2]，尼普顿（Neptune）的萨拉奇亚（Salacia）[3]，奎里努斯（Quirinus）的霍拉（Hora）[4]，奎里努斯的维利泰斯（Virites）[5]，伏尔甘

1　原文篇头缺失，此篇头系英译者所加。马尔斯是罗马战神，参看本书第 1 卷第 12 章注。Nerio 一词原来表示马尔斯的强大特性，在后来的神话中演化成他的妻子、女战神。本章所例举的众女神，基本上都是本神属性的神格化。

2　萨图尔努斯（Saturnus）是古老的意大利农神。罗马的卡皮托利山下有他的神庙，并用作国库。鲁阿（Lua）是农神，可能也是疾病女神。被俘的敌人的手臂献祭给她。

3　尼普顿是海神，参看本书第 2 卷第 28 章注。萨拉奇亚是海洋女神，她的名字来自于 sal（盐）。

4　奎里努斯（Quirinus）曾是萨宾人之神（可能是战神）。随后被吸收到罗马国家宗教中，成为最初的卡皮托利三主神之一。他通常被等同为成神后的罗慕路斯。霍拉被视为奎里努斯的妻子。奥维德（Ovid）认为霍拉是罗慕路斯的妻子赫尔西利亚（Hersilia）成神后的名字。

5　维利泰斯是奎里努斯的属性女神。

(Volcanus)的玛亚(Maia)[1]，朱诺的海利埃斯(Heries)[2]，马尔斯的摩莱斯(Moles)[3]，马尔斯的尼里奥(Nerienem)。”(3)在其中，我听见很多人将我提到的最后一个名字的首音节发长音，就像希腊语 Νηρεῖδες 的发音一样。但是正确发音的人将首音节发短音，将第三音节发长音。(4)这个词汇的主格，在古代文献中写做尼里奥(Nerio)，而马尔库斯·瓦罗在一首名为《与影子作战(Σκιομαχία)》的梅尼普斯讽刺诗[4]中的如下诗句中将其呼格写作 Nerienes，而不是 Nerio：

你们，安娜(Anna)和佩兰娜(Peranna)[5]，潘达·凯拉(Panda Cela)[6]，您，帕莱斯(Pales)[7]；

尼里奥和密涅瓦(Minerva)[8]，佛尔图娜(Fortuna)[9]和刻瑞斯。

(5)由此可见，其主格应该是同样的。(6)但是在古人那里，Nerio 变格方式如同 Anrio。因为就和 Neriēnem. 一样，他们将 Aniēnem 的第 3 个音节发成长音。(7)无论是 Nerio 还是 Nerienes，都是萨宾(Sabini)[10]语，意思是勇敢和坚韧。(8)因此，我们在所知来自萨宾的克劳狄乌斯(Claudius)家族中，那些

1 伏尔甘是火神，参看本书第 9 卷第 10 章注。玛亚是他的属性女神。她与生物的生长有关。

2 朱诺是女主神，参看本书第 4 卷第 3 章注。海利埃斯是朱诺的象征及女伴。

3 摩莱斯是马尔斯的属性女神，代表战争的混乱。

4 《梅尼普斯讽刺诗(Saturae Menippeae)》是瓦罗的诗体作品。《与影子作战》指的是犬儒派反对装腔作势的哲学家的战斗。下面对女神的祷文是其开场白。

5 安娜·佩兰娜(Anna Perenna)，通常被认为是年份的化身，因为她的节日是在新年的第一个月圆之日(3 月 15 日)。

6 潘达·凯拉，一个能力有限的女神。她与帕莱斯有关联。

7 帕莱斯是牧羊人和羊的一个或两个守护神，有些人认为是男性，另一些人认为是女性。

8 密涅瓦是司掌各行业技艺的女神，后来又司理战争。被视同希腊女神雅典娜。她在罗马的神殿是工匠行会的聚会场所。

9 佛尔图娜最初可能是丰产女神，但是后来被等同于希腊命运女神提喀(Tyche)，因此通常被视为命运、时机和幸运女神。其重要象征物是轮子。

10 萨宾是住在意大利中部亚平宁山区的一个古代民族。

超乎常人地勇敢和坚韧的人，被称为Nero[1]。（9）但是，这个词好像是萨宾人从希腊语那里借用来的，希腊人称肢体的肌腱和韧带为 νεῦρα，我们在拉丁语中称之为nervi。（10）因此，Nerio指马尔斯的力量、能力以及马尔斯的某种权威。

（11）普劳图斯在《粗鲁汉》（Truculentus）中借士兵之口说尼里奥是马尔斯的妻子：

马尔斯从外归来，向他的妻子尼里奥致意。[2]

（12）对于这句诗，我曾经听一位闻名遐迩的人说，普劳图斯以过于喜剧的方式，将尼里奥是马尔斯的妻子这一错误而又新奇的观点归功于一个没有教养的士兵。（13）但是读过格奈乌斯·革利乌斯（Gnaeus Gellius）[3]的《编年史（Annales）》第3卷的人，都会认为这句诗与其说是喜剧化，更不如说是博学。书中写道，当赫尔西利亚（Hersilia）[4]在提图斯·塔提乌斯（Titus Tatius）[5]面前申辩并祈求和平时，恳求道："马尔斯的尼里奥（Neria），我恳求您赐予我们和平，让我们的婚姻持久而美满，是您的夫君的意旨，让他们以同样方式强掠我们这些处女，[6]为他们自己和他们的同胞生儿育女，产下城邦的后裔。"（14）她说的"您的夫君的意旨"显然是指马尔斯；因此，很明显普劳图斯的说法并不是诗意的虚构，而是存在着将尼里奥说成马尔斯的妻子的传统。（15）但是要注意，

1 苏维托尼乌斯《罗马十二帝王传·提比略篇》第1章："在各种家名当中，他们采用了Nero（尼禄），在萨宾语中它的意思是强壮而勇猛。"

2 《粗鲁汉》第515行。

3 格奈乌斯·革利乌斯（Gnaeus Gellius，公元前2世纪人），一部从最早期开始的罗马史的作者。

4 据罗马传说，赫尔西利亚是罗马建立时期的一位萨宾贵族妇女，陪伴她女儿去观看罗慕路斯的赛会，并且同时被罗马人劫走。据说是她终结了罗马和萨宾人之间的战争。有人认为她后来成了罗慕路斯的妻子。

5 根据罗马传说，提图斯·塔提乌斯（Titus Tatius）是来自库莱斯（Cures）的萨宾人国王，他在罗马人劫掠萨宾少女之后向罗马宣战，在罗马和萨宾和解且合并之后，成了罗马的共治者。

6 据传说，因为罗马缺少妇女来繁衍子孙，罗慕路斯组织赛会，乘赛会期间劫掠了萨宾少女。

革利乌斯说的是 Neria，结尾是 a，而不是 Nerio 和 Nerienes。(16)除了普劳图斯和革利乌斯以外，早期的喜剧作家李基尼乌斯·因布莱克斯（Licinius Imbrex）[1]在一部名为《奈埃拉（Neaera）》的戏剧中，这样写道：

我不想叫你奈埃拉（Neaeram），而是叫你尼里奥（Nerienem）；
因为你已经与马尔斯缔结了婚姻。

（17）而且，该诗的韵律要求名字的第三个音节必须发短音，[2]这与之前的说法相反；至于这个元音的长短在古人中间差异有多大，众所周知，因此没有必要再浪费唇舌。（18）恩尼乌斯在其《编年纪》（Annales）的第一卷中写下了这样的诗句：

Nerienem Mavortis et Herem.
马尔斯的尼里奥和海莱斯（Heres）[3]。

他保存了韵律，延长了首音节，缩短了第三音节，这种情况很罕见。

（19）而且我认为也不应当忽略同属此类的情况，即我发现塞尔维乌斯·克劳狄乌斯（Servius Claudius）[4]在他的《评注集》（Commentarium）中将 Nerio 等同于 Neirio，这是指不暴躁易怒，心平气和，我们在祈祷时用这个名字是希望让马尔斯变得温和而宁静；ne 这个小词就像在希腊语中一样，在拉丁语中常常是表示否定的。

1　李基尼乌斯·因布莱克斯（Licinius Imbrex）可能是公元前 2 世纪人，喜剧诗人。其他情况不详。参看本书第 15 卷第 24 章。

2　即发成 Nērĭēnem 而非 Nērĭēnem。

3　海莱斯是遗产女神，马尔斯的伴侣神之一。

4　塞尔维乌斯·克劳狄乌斯（Servius Claudius）是埃利乌斯·斯提罗的女婿，语法学家，普劳图斯语言的尖锐批评者。

第 24 章

马尔库斯·加图说自己所缺甚多但一无所求。

(1)前执政官和前监察官马尔库斯·加图(Marcus Cato)说，当国家和私人都财物丰足时，他自己的农庄直到他 70 岁时都还是不加装饰、朴实无华、不曾涂抹灰泥。他后来论及此事时说道：“我没有哪栋房屋、哪套食具、哪件衣服是价格昂贵的，我也没有值钱的奴隶和女仆。我如有可用之物则用之，如没有则免之。就我而言，每个人应当使用与享受其所拥有的东西。”他又说：“某些人指摘我，因为我缺少很多东西；但是我也指摘他们，因为他们离了这些东西什么也做不了。”(2)这个图斯库卢姆(Tusculum)[1]人说他虽然缺少很多东西但是却一无所求，这份真诚的确有助于劝导简朴和保持俭约，远胜过一些人的希腊式花招，他们一方面口口声声地说要过哲学化的生活，发明了百无一用的空洞言词，说自己一无所有却又无所或缺，一无所求；一方面却又竭尽所能地极力占有，贪得无厌，欲壑难填。

1　参看本书第 2 卷第 20 章注。

第 25 章

Manubiae 一词的含义的探索与讨论；以及有关诸多同义词的使用方式的论述。

（1）沿着图拉真广场的屋顶（fastigium）[1]，四周摆放着战马和军旗的镀金雕像[2]，下面写着："来自战利品（ex manubiis）"。（2）法沃里努斯当时正在广场上散步，等候他的友人，一位正在法庭上听审案件的执政官，[3]我们都跟随着他。他问道，听我说，题词上的"战利品"在我们看来是什么意思。（3）某个跟他在一起，以广闻博学而闻名遐迩的人回答道："'来自战利品'意思是'来自掠获（ex praeda）'，战利品（manubiae）就是指那些用手（manus）获取的掠获物。"（4）法沃里努斯说道："尽管

1　此处的 fastigium 本意为山顶或者建筑物的顶部，此处可能是指广场四周柱廊或者入口处的凯旋门的顶部。

2　这些雕像可能位于图拉真广场南面的入口处，此处有一座凯旋门，面对南面的奥古斯都广场。法沃里努斯在其中散步的广场地区由柱廊所环绕，其北边则是乌尔皮乌斯会堂（Basilica Ulpia），乌尔皮乌斯会堂后面则是由两座图书馆（参看本书第 11 卷第 17 章注）、图拉真胜利纪念柱、神圣的图拉真神庙等所构成的建筑群。图拉真广场建于公元 107 年。

3　关于那个时代执政官的司法职责，现在所知甚少，应该主要涉及解放奴隶、解除父权管束、收养等事项。

我的主要的、近乎所有的精力都花在希腊的文学和其他学问上，但是对拉丁语我也会进行附带或者零星的研究，而不会漠不关心到这样的地步，竟然不知将战利品一词理解为掠获物的这一常见解释。我要问的是，马尔库斯·图利乌斯，一位在用语上极其谨慎的人，在1月1日那天所作的反对卢鲁斯（Rullus）[1]的演说《论土地法（De Lege Agraria）》[2]中，将‘战利品’与‘掠获物’两个词连用，是否采取了无用且粗俗的重叠方式，既然这两个词含义相同，全然没有区别？”（5）随后，记忆力出众乃至神奇的法沃里努斯立即引用了西塞罗的原话。（6）我抄录如下：“十人团（decemviri）[3]将要出售掠获物（Praedam）、战利品（manubias）、没收拍卖品、以及格奈乌斯·庞培（Cn. Pompeius）[4]的军营本身，而统帅本人置身事外。”[5]在下文中西塞罗也将两个词并列：“来自掠获物（ex praeda），来自战利品（ex manubiis），来自花冠赠金（ex auro coronario）”。[6]（7）然后，法沃里努斯对那个声称“战利品”与“掠获物”是同一含义的人说道：“你以为马尔库斯·西塞罗在这两处荒唐且生硬地用了你觉得意思相同的两个词汇，所以应当受到嘲弄，就像在最机智的喜剧作家阿里斯托芬（Aristophanes）[7]

1　即普布利乌斯·塞尔维利乌斯·卢鲁斯（P. Servilius Rullus），公元前63年的保民官。他提出了一项土地法案，旨在为无地的穷人重新分配土地以事耕种。西塞罗发表了四次演说来反对这项法案。结果这项法案在西塞罗前63年就任执政官之始就被平民大会撤销。

2　这篇反对卢鲁斯土地法提案的演说是西塞罗于公元前63年1月开始执政官任期时所发布的《首日宣告》。

3　卢鲁斯的土地法案中提议组成一个十人委员会（十人团），负责出售意大利之外的公有土地，所得资金用于在意大利买地，分给退伍老兵和贫民。建立十人团的目的在于制衡当时为罗马赢得大片土地的庞培的权力。

4　参看本书第1卷第7章注。

5　《论土地法》第1篇Fr4节。

6　《论土地法》第2篇59章。按惯例，行省的城市会在获胜统帅的凯旋式上献上金质花冠。在西塞罗年代之前，这种礼物采用了金钱的形式，被称作花冠赠金。再后来，成为特定情况下献给皇帝的礼物。

7　参看本书第1卷《序言》注。

剧中，欧里庇得斯这样攻击埃斯库罗斯：

这个聪明的埃斯库罗斯把一件事讲了两遍。
他既说‘我已经回到祖国’，又说‘归来’。
‘回到’和‘归来’是一回事。
是的，正如你向你的邻居说：‘请把揉面钵（μάκτραν）
借我，或者借一个捏钵（κάρδοπον）给我。’”[1]

（8）那人答道：“在我看来，西塞罗的话跟我们的诗人、演说家以及希腊人常常如此使用 μάκτρα 和 κάρδοπος 不一样，因为他们使用两个或更多同一含义的名词，是为了强调或修饰主题。”

（9）法沃里努斯又问：“那么，同一事物借助‘战利品’和‘掠获物’这样不同的词进行重复叠用究竟有何作用呢？在这里并不能像有时所能的那样修饰语句吧？也没有让韵律更优美悦耳吧？也没有为控诉和谴责罪行作出某种华丽的夸张吧？在同一个马尔库斯·西塞罗的名为《论指定起诉人（De Constituendo Accusatore）》的书中，同一个事物用多个词汇疾言厉色地重复表达：‘如果整个西西里能用同一个声音发声，它会说：“所有的金器、所有的银器、我的所有城市、住所、神庙中的所有的装饰品。”’[2]他既然说了整个城市，却又加上了位于城邦中的住所和神庙。（10）在同一部书中他又以同样的方式说：‘据说在三年时间里，盖乌斯·维勒斯蹂躏了西西里行省，掠夺了西西里人的城市，掏空了住宅，抢劫了神庙。’[3]（11）在你看来，当他提到西西里行省，并且加上了城市时，难道不就包括了下文提到的住宅和神庙吗？同样，这许多不同的词汇，蹂躏、掠夺、掏空、抢劫，难道没有一种相同的含义吗？当然如此。这些词汇尽管表达近乎同样的含义，来源于同一思想，但是它们是以庄重的语句、强劲

1 《蛙》第 1154 行，第 1156 ~ 1159 行。中译文据罗念生。

2 《控昆图斯·凯基利乌斯（Divinatio in Q. Caecilium）》第 19 节。

3 同上述第 11 节。

丰沛的措辞的形式说了出来，给人的感觉更加丰富，因为它们不断地打动我们的耳朵和心灵。

（12）“这种修饰方法，即在一次指控时加上一大堆严厉的措辞，在最古老的马尔库斯·加图的演说里就经常得到运用，例如在一篇《论十人（De Decem Hominibus）》的演说中，加图控诉泰穆斯（Thermus）[1]同时处死了十个自由人，他使用了如下具有相同含义的词汇，真可谓是拉丁语雄辩的第一缕曙光，我很乐意回忆：‘你谋求用更加卑劣的罪恶来掩盖你邪恶的罪行，你屠杀人类，造成巨大杀戮，导致十桩凶死，砍下十枚自由的头颅，夺走十条性命，未经讯问，未经审判，未经定罪。’（13）同样，马尔库斯·加图也在元老院所作的《为罗得岛人辩护（Pro Rhodiensibus）》的开场白中，为了描绘极度的顺畅，遂一连用了三个同一含义的词汇。（14）他的原话是：‘我知道许多人在一帆风顺、万事亨通、左右逢源的情况下常常得意忘形，傲慢凶残之性滋蔓膨胀。’[2]。（15）在其《史源》第7卷中的《诉塞尔维乌斯·伽尔巴（Contra Servium Galbam）[3]》的演说中，他使用了若干词来表达同一件事：‘有许多事情阻止我前来这里，我的岁数（anni）、我的年纪（aetas）、我的声音、我的力气、我的衰老；但是千真万确，当我想到将要讨论如此重要一件事……’。

“（16）然而首屈一指的是荷马作品中由所指之事相同、含义

1　昆图斯·米努基乌斯·泰穆斯（Quintus Minucius Thermus），前202年任军团将官，前196年任大法官时在西班牙作战，并获得凯旋式。前193年任执政官。前193年至前190年，先是作为执政官，后作为总督，在利古里亚（Liguria）行省进行了艰难的作战，取得了胜利，但是元老院拒绝授予他凯旋式，似乎是因为加图向元老院发表了两次针对他的演说，即《论虚假的战争（De Falsis Pugnis）》和《论十人》。

2　参看本书第6卷第3章第14节。

3　塞尔维乌斯·伽尔巴（Servium Sulpicius Galbam），公元前151年任职大法官并得到西班牙作为他的行省，着手与卢西塔尼亚人（Lusitani）作战。前150年，他通过欺骗，残暴地对已经议和的卢西塔尼亚人进行大屠杀。次年他回罗马时，保民官卢基乌斯·斯克利波尼乌斯·利波（Lucius Scribonius Libo）控诉他对卢西塔尼亚人犯下的暴行，年已85岁的加图在人民大会上毫不留情的抨击他。伽尔巴带上自己的孩子和亲戚的孤儿向大会求情，才获释放。前144年任执政官。

相同的词汇所构成的华丽堆砌：

宙斯把赫克托尔（Hector）引开，使他远离密集的

矢石、烟尘、杀戮、流血和战斗的嚣声。[1]

在另一句诗中：

有搏斗、战争、杀戮和暴死的种种情景。[2]

（17）在这两处，所有这许多同义词都不过是指战争，但是，用上一系列不同的词汇就恰到好处地描绘出了同一事物的不同方面。（18）在同一个诗人那里，使用两个词汇来重述同一含义就有了充分的理由：伊代奥斯(Idaeus)在制止披盔戴甲的埃阿斯(Aiax)和赫克托尔的战斗时，这样说道：

亲爱的孩子们，不要再打仗，不要再斗争[3]

（19）在这句诗中，不应当认为与第一个词具有同一含义的第二个词本身没有什么必要，只是为了填足音步而加进来的，因为这样做十分空虚而无聊。相反，当伊代奥斯温和而又冷静地责备这两个狂热地追求荣誉的年轻人的固执、残暴以及对战斗的渴望时，通过一而再地重复同义词的方式，突出与强化了他们行为之残忍、固执之可恶，这一重复的责备使得他的劝导更为急切。（20）以下同一含义的重复也不应当视为无用和生硬的：

求婚者们谋划着忒勒马科斯（Telemachus）的死亡（θάνατος）和毁灭（μόρος）。[4]

同样的事情他说了两次：死亡和毁灭。通过对死亡一词的值得称道的重复，对策划如此邪恶不义的谋杀之卑鄙可耻发出了悲叹。（21）此外天性迟钝的人也很难理解：

1 《伊利亚特》第 11 卷第 163、164 行。中译文据《罗念生文集》第五卷。

2 《奥德赛》第 11 卷第 612 行。中译文据王焕生译《奥德赛》。

3 《伊利亚特》第 7 卷第 279 行。中译文据《罗念生文集》第五卷。

4 《奥德赛》第 20 卷第 241 行。

快走，去吧，可怕的梦。[1]

还有

快走，去吧，迅捷的伊丽斯（Iris）。[2]

这里使用同义的两个词并非像某些人所认为的那样，属于没有意义的同义重复（ἐκ παραλλήλων），而是对所要求的快速行动的强烈敦促吧？

“（22）在马尔库斯·西塞罗的《控卢基乌斯·披索》（in Lucium Pisonem）中，这种词汇的三次重复虽然让那些不太敏锐的耳朵不适，但是既能追求韵律的优美，又能通过诸多重复的词汇去揭穿披索的虚假面目。（23）西塞罗指出：‘最后，是你的整个面容，它可说是心灵的一种无声表达，它诱使人们犯了错误，它欺骗了、迷惑了、蒙诓了那些对它一无所知的人们。’[3]”（24）法沃里努斯接着说道：“同一作家所用的‘战利品’和‘掠获物’与此究竟有什么相似之处？当然没有。（25）因为加上了‘战利品’一词，并不会对原文有何修饰，对夸张和音律也没有助益；但是就如有关古代历史和古代语言的书中所说的那样，‘掠获物’是一种东西，‘战利品’又是另一种东西。（26）‘掠获物’指掠取的物品自身，而‘战利品’则是指财务官出售‘掠获物’所得的金钱。（27）因此，马尔库斯·图利乌斯为了煽动对十人团的愤恨，就说他们要攫取与征收尚未出售的‘掠获物’和出售‘掠获物’所获的金钱。

“（28）因此，你看见的题词 ex manubiis，并不是指‘掠获物’的物品本身，因为这些都不是图拉真从敌人那里夺取的，而是宣布这些雕像是用‘战利品’制造与配备的，即来自于出售‘掠获物’所得的金钱。（29）因为‘战利品’一词如我所说的那样，不是指‘掠获物’，而是指罗马人民的财务官从出售‘掠获物’中获取的金钱。

1 《伊利亚特》第 2 卷第 8 行。

2 《伊利亚特》第 8 卷第 399 行。

3 《控卢基乌斯·披索》第 1 节。

(30)我说的'财务官',现在应当理解为是指国库的司库(praefectus aerario),因为掌管国库的职责已经从财务官转移到司库那里。[1](31)但是有时也能发现某些著名作家或是出于粗心大意,或是为了形象化的比喻而变换用词,从而把'掠获物'写成'战利品'或把'战利品'写成'掠获物';如果用得优雅而巧妙,倒也可以接受。(32)但是在那些说话就像马尔库斯·图利乌斯在那段文章中那样确切而精准的人们那里,'战利品'指的是金钱。"

1 原先,在20位财务官当中,由两位城市财务官负责国库。凯撒任命了两名营造官管理国库,奥古斯都先后任命两名司库(前28年)和两名大法官(前23年)管理国库,克劳狄乌斯(公元41年—54年在位)重新把管理权交还给财务官,尼禄于公元56年重新设置了两位司库。

第 26 章

普布利乌斯·尼基第乌斯的话，说瓦勒里乌斯的名字的呼格 Valeri 的首音节应当是高音，以及同一个人关于正确书写的另一些话。

（1）这是普布利乌斯·尼基第乌斯，一位无所不通的博学之士在其《语法学评注》的第 24 卷中的话："如果我们不知道像 Valeri 这样的名字到底是属格还是呼格时，该如何保持正确的音调呢？因为属格的第二音节的发音要高于首音节，而尾音节要降调；但是呼格的首音节音调最高，然后依次降低。"[1]（2）尼基第乌斯就是这样教发音的。但是今天如果有人在称呼瓦勒里乌斯的呼格时按照尼基第乌斯的教导将首音节发为重音，那就免不了受嘲笑了。（3）另外，尼基第乌斯将尖音称为最高的音调，将我们称为重音（accentus）的称为 voculatio，将我们称为属格（genitivus）的称为问格（casus interrogandi）。

（4）我还注意到，在尼基第乌斯的同一卷书中，他写道："如

1 希腊语中有一个声调重音，带重音的音节音调上升。有些人认为，在城市拉丁语（sermo urbanus）中，也是这样的。

果你写 huius amici 或 huius magni，在结尾要写作 i；如果是复数主格则写作 hi magnei 或 hi amicei，要在 i 前面加 e，在其他相似的地方也应当这样做。同样，如果你要写属格，那就是 terrai[1]，以 i 结尾，如果你要写与格，那就是 terrae，以 e 结尾。同样，如果你要写 mei 的问格，就像我们说 mei studiosus（倾心于我），那就要以 i 而不是 e 结尾；[2] 如果你写 mihei，那么就以 e 和 i 结尾，因为这是与格。”（5）我认为，蒙这位最博学的人的权威教导，为了那些汲汲于这种学问的人的缘故，我不应当忽略这些话。

1　实际上是 terrāi。

2　作者只是指词尾是 i 而非 ei。

第 27 章

某些看起来似乎是维吉尔在模仿荷马和帕忒尼奥斯(Parthenius)[1]的诗句。

（1）这是诗人帕忒尼奥斯的诗句：

γλαύκῳ καὶ νηρεῖ καὶ εἰναλίῳ μελικέρτῃ.

向格劳科斯（Γλαῦκος）[2]、奈琉斯（Νηρεύς）[3]以及海里的麦利凯尔泰斯（Μελικέρτης）[4]。

（2）维吉尔模仿了这首诗，并巧妙地改动两个词汇，让自己的诗句与原作不分高下：

Glauco et Panopeae et Inoo Melicertes.

1　帕忒尼奥斯（Parthenius，希腊文名 Παρθένιος）是希腊语法学家和诗人。公元前 1 世纪人。在米特拉达梯战争中被罗马诗人赫尔维乌斯・秦纳（Gaius Helvius Cinna）俘虏，公元前 72 年被带到罗马，后来到了那不勒斯，教授维吉尔希腊语。本书第 9 卷第 9 章曾提到他。

2　格劳科斯（Γλαῦκος），原来是渔夫，吃了魔草之后变为海神。通常在风暴中救助海员或渔夫。善预言。

3　奈琉斯（Νηρεύς）是一个古老的海神，彭托斯（Πόντος，海）和盖亚（Γαῖα，大地）的长子。居住在爱琴海。十分睿智，拥有相当的预言能力。

4　麦利凯尔泰斯（Μελικέρτης），波奥提亚（Boeotia）王子阿塔马斯（Ἀθάμας）和伊诺（Ino）的儿子，后成为海神帕莱蒙（Παλαίμων），船舶的保护神。

向格劳科斯，帕诺佩阿（Panopea）[1] 以及伊诺（Ino）[2] 的麦利凯尔泰斯。[3]

（3）但是荷马的这首诗他却模仿得既不相当，也不相近，因为荷马的原诗看上去更为简洁淳朴，而维吉尔的则显得太过新颖，过度粉饰 [4]：

荷马的诗：

ταῦρον δ᾽ ᾽αλφειῷ，ταῦρον δὲ ποσειδάωνι.

公牛献给阿尔费奥斯（Ἀλφειός）[5]，公牛献给波塞冬（Ποσειδῶν）。[6]

维吉尔的仿作：

Taurum Neptuno，taurum tibi，pulcher Apollo

公牛献给尼普顿，公牛献给你啊，俊美的阿波罗。[7]

1 帕诺佩阿（Panopea，希腊文名 Πανόπεια），是 50 位海洋仙子（Nereides/Νηρηΐδες）之一。她们都是奈琉斯是和海洋女神多利斯（Doris/Δωρίς）的女儿。

2 伊诺（Ino，希腊文名，Ἰνώ）原来是一个凡人，底比斯（Thebes）的王后，得罪了赫拉（Hera），后者出于报复使她丈夫阿塔马斯发疯，杀死了自己的一个儿子，伊诺带着另一个儿子麦利凯尔泰斯跳进海中，变成了海神，被称为琉科忒娅（Λευκοθέα）。

3 《农事诗》第 1 卷第 437 行。

4 指多余的形容词 pulcher（俊美）。

5 阿尔费奥斯是希腊南部伯罗奔尼撒的一条河，全长约 113 公里（70 英里），流入爱奥尼亚海。此处是指此河的河神。

6 《伊利亚特》第 11 卷第 728 行。

7 《埃涅阿斯纪》第 3 卷第 119 行。波塞冬（Ποσειδῶν）是希腊神话中的水神和海神，是克洛诺斯和瑞亚的儿子。他的兄弟有宙斯和哈得斯。同时还是地震之神，与马有密切的联系。罗马人把他当作海神，等同于尼普顿。

第 28 章

哲学家帕奈提乌斯在《论义务(De Officiis)》第 2 卷中的观点，告诫人们要时刻紧密提防任何情况下的伤害。

(1)我们在听人读哲学家帕奈提乌斯《论义务》的第 2 卷，这是马尔库斯·图利乌斯极其费心费力地模仿的三卷名作中的一卷。(2)其中除了很多劝人为善的教导外，还有一件必须牢记在心的最重要的事。(3)其主旨是："在事务当中度过光阴、希望对自己和他人有所益处的那些人的人生，总是经常而近乎每天承受着烦扰和意想不到的危险。要警惕和防止这些危险，就要像被称为拳斗家(pancratiastae)[1]的那些运动员那样，有一颗时刻戒备和提防的心。(4)就像那些人被召唤去比赛时，站立不动，双臂高举伸展，双手相对像壁垒一样保护头部和面部；他们的所有肢体在战斗开始之前或提防攻击或准备出击。于是，当一个智者每时每处关注着暴力和肆意伤害时，他的心灵和头脑应当警惕、气势高昂、严密防备、妥为准备、绝不掉以轻心、绝不松懈戒备，面对命运的

1 pancratium 是一种摔跤和拳击的混合的竞技运动。

打击和恶人的圈套，决定和思考就像双臂和双手一样向前伸展，决不能让敌对的、突然的攻击在我们无所准备、没有防护时降临到我们身上。”

埃涅阿斯逃离特洛伊　油画
〔意大利〕费德里科·菲奥里·巴洛西（1535—1612）

第29章

夸德里伽里乌斯说“与很多凡世之人[1]一起（cum mortalibus multis）”，如果他说“与很多人”的话又有怎样的差别。

（1）这是克劳狄乌斯·夸德里伽里乌斯（Claudius Quadrigarius）[2]的《编年史（Annales）》第13卷中的话：“集会散会后，梅特卢斯（Metellus）[3]与很多凡世之人一起来到了卡皮托利山，他从那里回家时，整座城市都跟随着他。”（2）有人把这卷书和这段话读给马尔库斯·弗朗托（Marcus Fronto）[4]听，恰好我们和其他很多人坐在他旁边。在其中一位博学之士看来，“很多凡世之人”比起“很多人（hominibus multis）”来，在历史著作中显得愚蠢和冷漠，而且也过于诗化。弗朗托就问那个人：“您这位在其他方面品味不同寻常的人，在您看来‘很多凡世之人’显

1 原文mortales意思是终有一死的人类，相对的是immortales（永生的神明）。

2 参看本书第1卷第7章注。

3 即昆图斯·凯基利乌斯·梅特卢斯·努米底库斯，参看本书第7卷第11章注。公元前100年，保民官萨图尔尼努斯（Saturninus）为了确保自己所制定的土地法不被废止，附加了一个条款，强迫所有元老宣誓遵守这项法律，拒绝者将失去元老席位。梅特卢斯作为唯一的元老拒绝宣誓，甘愿流放。前98年，他被召回，并受到盛大的欢迎。

4 参看本书第2卷第26章注。

得愚蠢和冷漠，真的以为，一位谦和、高洁、谈吐适当的人，会毫无理由地认为‘凡世之人’比‘人’好？您相信，如果他说了‘与很多人一起’而不是‘与很多凡世之人一起’，将会是相同的人群众多的景象吗？”（3）弗朗托继续说道：“在我看来，除非是我对这位作家和古代文章的热爱和尊敬蒙蔽了我的双眼，我认为，用‘凡世之人’远远地比‘人’更充分、更丰富、更广泛地描绘了整个城市的人。（4）因为‘很多人’的说法可能限于数量较少的情况，而‘很多凡世之人’，我不知道是以何种方式，因为何种不可描述的感受，包括了几乎全城的各色人等，不论什么等级、年龄和性别；也就是说，夸德利加里乌斯为了展示实际情况中的庞大而繁杂的人群，说梅特卢斯‘与很多凡世之人一起’来到了卡皮托利山，这比说‘与很多人一起’更有力度。”

（5）我们聆听了弗朗托说的所有这些话，理所当然地不仅深有同感，而且无比钦佩。他说：“但是你们要注意，千万不要以为‘很多凡世之人’在任何情况下都可以代替‘很多人’，以免出现瓦罗的讽刺诗集中所说的希腊谚语，即在扁豆上撒没药（τὸ ἐπὶ τῇ φακῇ μύρον）那样的情况。[1]”（6）弗朗托的观点虽然只关系到不太重要的词汇，但我仍认为不应当忽略，以防我们在对此类词汇进行更为细微的思考时百密而一疏。

1　意思是在一盘扁豆上浇上昂贵的香油，表示只为炫耀，不为调味。

第30章

日常说的 facies 一词有更广泛的含义。

（1）可以注意到，拉丁语中的很多词汇都偏离了原来的含义，变成了词义大相径庭或者相去无几的词；而这种偏离是出自对这些词汇一无所知却还随意使用的人的习惯和无知。（2）就像有些人认为 facies 这个词对人来说就是指脸、眼睛和脸颊，希腊语称之为 πρόσωπον（面容）；实际上 facies 指的是整个身体的形状、大小和构成，源自 facio，就如同 species 源自 aspectus，figura 源自 fingo。[1]（3）帕库维乌斯在名为《洗脚（Niptra）》的悲剧中，用 facies 来表示人的身高：

一个年华正盛的男人，
性情顽强，身材（facie）伟岸。

（4）facies 不仅用于表示人的身体，还用于其他所有各种事物。如果用法合适，facies 一词用于山脉、天空和大海也是可以的。[2]

1　facio，制造；species，形象；aspectus，目光；figura，外形；fingo，形成。实际上 species 并非源自 aspectus，而是源自它本身的词根。

2　例如水面等等。

（5）撒路斯特（Sallustius）[1]在其《历史（Historia）》的第2卷中写道："撒丁岛（Sardinia）[2]位于非洲海中，形如人的脚板（facie vestigii），东边比起西边凸出更多。"（6）值得一提的是，普劳图斯在其《布匿人（Poenulus）》中用"facies"指代整个身材和肤色：

但是，请告诉我，他们的奶妈长得怎样（qua sit facie）？
人不高大，肤色偏深。
这正是她！
容颜迷人，脸庞和眼睛乌黑透亮，
天哪，你的确把她的相貌说得活灵活现！[3]

（7）除此之外，我记得夸德里伽里乌斯在第19卷中用facies指代身高和整个体型。

1　即盖乌斯·撒路斯特·克里斯普斯（Gaius Sallustius Crispus），参看本书第1卷第15章注。

2　撒丁岛（Sardinia）位于意大利南部外海，为地中海西部诸岛中第二大岛，腓尼基人约在公元前800年在这里定居，是这里有文字记载的最早的定居者。其后是希腊人和迦太基人；公元前238年罗马人开始统治这里。

3　《布匿人（Poenulus）》第1111～第1114行。

第 31 章

马尔库斯·瓦罗的讽刺诗中的“狗的餐食（caninum prandium）”究何所指。

（1）近来，有个愚蠢无知却又自命不凡的人，坐在书坊里自我夸奖，自我赞美，吹嘘自己是天下唯一一个能解释马尔库斯·瓦罗所著，被称为《犬儒派哲学（Cynici）》或《梅尼普斯（Menippeae）》的讽刺诗集[1]的人。此人展示了算不上有难度的几个段落，声称没人可以指望予以解释。（2）我恰好拿着这套书中名为《水狗（Ὑδροκύων）》的一卷。（3）于是就走近他问道：“大师，您一定知道希腊人的那句老话：音乐如藏于深阁便一文不值。[2]因此我请您读一读这几行诗，跟我们说说诗里面的谚语的意思。”（4）他说：“可以由你先为我读你不懂的部分，我再向你解释意思吗？”（5）我答道：“我到底怎样才能读我不懂的东西呢？我读的话，意思可能就会乱七八糟了，这会让您分心的。”

1　即《梅尼普斯讽刺诗》。参看本书第 2 卷第 18 章第 6 节。

2　苏维托尼乌斯将同样的谚语置于尼禄之口，意思是光会唱歌没有用，会当众唱歌才有意义。

（6）在场的很多人都附和我的意见提出了同样的要求，那人就从我手中接过了已被证明可靠的、书写优美的一份古代抄本。（7）但是那人拿到书后，露出了困惑不解、忧心忡忡的表情。（8）我该怎么接下去说呢？我甚至不敢要求你们相信我。（9）就算是学校里的无知孩童拿起这卷书，也不会比那人读得更加可笑了。他把语词念得奇奇怪怪，把原意曲解得一塌糊涂。（10）当大家哄堂大笑时，那人把书还给我，说："你瞧，我患有眼疾，而频繁的夜间工作几乎毁了我的眼睛；我几乎辨别不了字母的轮廓。等我眼睛恢复了，再来找我，我把这卷书全部读给你听。"（11）我说："大师，希望您的眼睛早日康复；（12）但是，我请您告诉我一件不必劳烦您的眼睛的事，您读的那段中的'狗食（caninum prandium）'是什么意思？"（13）这位异乎寻常的蠢材像是被这个问题的难度吓到了，立即站起来溜之大吉，一边还说："你问的可不是简单的问题，我不会免费解答的。"

（14）这个谚语所在章节的原话如下："你没看到姆奈西泰奥斯（Mnesitheus）[1]书中写道有三种酒：深色、浅色以及希腊语称之为 κιρρός（黄褐色）的中间色，以及新的，陈的、半新不陈的？深色壮阳，浅色利尿，中间色开胃？新酒凉体，陈酒暖身，半新不陈是狗的餐食（caninum prandium）？"（15）"狗的餐食"的意思虽然没有什么重要性，但是我也认真钻研了很久。（16）不饮酒的朴素无华的饭食被称为"狗的餐食"，因为狗不喝酒。（17）姆奈西泰奥斯（Mnesitheus）称既不新也不陈的酒为"半新酒"，而通常情况下人们的说法却是，但凡是酒，要么是新酒，要么是陈酒。他的意思是半新酒没有新酒或陈酒的酒劲，所以不应当被当作酒，因为它既不能凉体也不能暖身。他说的"凉体（refrigerare）"在希腊语中是 ψύχειν。

1　姆奈西泰奥斯（Mnesitheus，希腊文名 Μνησίθεος，公元前 4 世纪人），古希腊雅典的著名医生，他曾经对动物的身体进行解剖学研究，并且试图对疾病进行分类。

第14卷

她被称作处女，以象征其纯洁，

绝不向恶人屈服，绝不接受甜言蜜语、

恳求和乞告、阿谀奉承以及其他这类东西。

因此她也被描绘成外表严峻，面容绷紧、

目光坚定而敏锐，从而使得不义者恐惧不安，

使得正义者勇气十足，她对后者展现亲切的面容，

对前者表露敌视的神情。

第 1 章

哲学家法沃里努斯的论述，反对那些被称为迦勒底人（Chaldaeus）[1]的人们，他们许诺可以通过星星和星座的聚合与运动来预言人的命运。

（1）有一次在罗马，我听到哲学家法沃里努斯用希腊文论述，反对那些自称为迦勒底人或者生辰星占师（genethliacus）的人们，他们声称可以通过星星的运动和位置来预言未来之事。他的言辞超群，充满智慧。（2）至于他是为了练习或者展示自己的才华，或者是认真而深思熟虑地持有这样的观点，我无法判断。听完离开之后，我迅速尽我记忆所及地记下了他所谈的主要内容和所使用的主要论点，它们大致如下：那些迦勒底人的学说并不像他们所希望表现的那般古老，其开山鼻祖也不是他们宣称的那些人，实际上，是叫花子（aeruscator）和那些以谎言为谋生手段的人想出了这类

1 参看本书第 1 卷第 9 章注。

诡计与花招。[1]（3）因为他们发现，在人们周边发生的某些地球现象是受天体的意愿和引导所驱动的，例如，海水就像月亮的同伴，随着它的盈亏而涨落。显然，他们以此作为证据来让我们相信，人世间的事情，无论大小，都仿佛为星星和星座所系缚，受其控制与领导。（4）然而这实在是太愚蠢和荒谬的了，因为海水的潮汐与月球的周转相契合，于是，当某人碰巧与他的邻人（rivalis）[2]就输水管道（aquae ductus），或者与紧邻就共用墙发生诉讼时，我们就认为这一诉讼仿佛通过一条纽带与天空相连，受其操控。（5）即使此事可能因某种神力或神意而发生，法沃里努斯依然认为，那也不可能在如此短暂而局促的生命时段中被人的智力所领悟和把握，人们只是推断出些许臆想，用他们自己的话来说，较为粗略地（παχυμερέστερον），[3]得之全无任何知识的基础，而只是些宽泛、无序而任意的东西，如同远处视物，视线会因距离相隔而模糊不清。（6）因为，如果人们也能够预知未来的一切的话，那么人和神之间的最大差异也就被去除了。（7）此外，法沃里努斯还认为，被他们称为自己的知识来源的对星星和星座的观察，也绝非确凿无疑的。（8）"如果那些居住在开阔平原上的迦勒底人，那些祖师爷，通过观察星辰的运动与轨迹、分散与聚合来探究由此产生的影响的话，那这套理论就让它继续下去吧，"他说，"但是仅限于与当时迦勒底人时所处的同样的天空倾角（inclinatio caeli）之下。若是谁想把迦勒底人的这套观察理论用于不同的天空区域，它就不再有效。因为谁看不出来，由于地球的倾斜与凸面，天空的区域和轨道的差异有多大？（9）而他们断言人神诸事均藉此而发生

1 根据现有的出土资料，星占学在公元前1800年左右的古巴比伦王朝已经出现，在公元前600年左右的新巴比伦（迦勒底）王朝得到重大发展。随着美索不达米亚地区先后落入波斯王朝和亚历山大大帝之手，星占学得以向希腊化地区和后来的罗马帝国扩散。据江晓原《历史上的星占学》第1章第3节。

2 rivalis的本义是共用同一水源者。

3 以一种粗糙、快速、表面的方式。

的那些星辰，不会在每个地方均引发寒冷和炎热，却会改变与转化气候，在同一时间使一些地方温和宁静，使另一些地方产生狂风暴雨，那为什么它们就不会在迦勒底人那里，在盖图利亚人（Gaetuli）中间[1]，在多瑙河流域，在尼罗河流域等地方导致事情和事件产生各不相同的结果呢？”（10）他说：“而这是逻辑上不通的，位于如此高空的大气其体量和性状在不同的天穹之下各有不同，而他们却认为这些星辰在人间事务上总是昭示出同样的东西，无论你是从地球上的任何地方进行观察”。（11）此外他还惊异于有人视此为定则，即迦勒底人、巴比伦人或者埃及人所观察到的那些星星——许多人称之为 erraticus（漫游者），而尼基第乌斯称之为流浪者（erro）[2] 的那些星星——并不比通常所认为的要多。（12）因为他认为可能存在这种情况，某些别的行星也具有相同的力量，若是没有这些行星，正确而完整的观察就不可能实现，而人们之所以看不到这些行星们，是因为其亮度或者高度不同寻常。（13）他说：“因为一些星星可以在某些地方被观察到，被那里的人们所认识，而同样的星星在所有别的地方都看不到，所以别处的人对其一无所知。”（14）他说，“即使我们同意只应该从一个地方进行观察，观察的也只限于这些星星，那么，这种观察的终点究竟在何处，需要观察多少时间才足以理解星星的会合、环行和经过究竟预示什么呢？（15）因为，若是观察是以这种方式开始的，即关注某人出生时星辰处于何种性状、何种形式、何种位置，然后接着考察每个人从出生起的命运、特征、习性、他的事务与活动的周遭环境以及最后他生命的结局，所有这一切都如实记录下来，过了很长时间后，当同样的星星以同样的性状在同样的位置出现时，方可断定，同样

1　盖图利亚人是居住于非洲西北部盖图利亚（Getulia）地区的古代柏柏尔人（Berber）。盖图利亚地区覆盖了阿特拉斯山脉（Atlas Mountains）以南的大片沙漠地区，毗邻撒哈拉沙漠。另一种说法是，盖图利亚位于地中海沿岸，今阿尔及利亚与突尼斯的位置，阿特拉斯山脉以北。

2　指行星。参看本书第 3 卷第 10 章第 2 节以及注。尼基第乌斯似有自创新词的习惯，参看本书第 13 卷第 26 章第 3 节。

的事情也会发生在其他出生于同一个时间点的人们的身上。[1]（16）若是以这样的方式来展开观察，”他说，“并由此建立起某种学说，那也无法获得成功。（17）因为，让他们说说看，到底要多少年，或者说要多少代（saeculum）才能完成这一观察的周期”[2]。（18）法沃利乌斯说，占星术士们确信，那些他们称之为“漫游者”的星星似乎决定了万事万物的命运，它们出发之后，直到全体同时以同样的性状返回同样的位置，要经过近乎无限的无数岁月，以致没有任何连续的观察或者回忆，抑或文字记录可以持续如此的久远之期。（19）他认为，还须考虑这个问题，当人进入娘胎之初，是一种星座布局，接下来十个月后降生时则又是另一种布局。[3]若如星占师们自己所认为的那样，同样的星辰的不同位置和轨迹会导致不同的命运，他想知道，不同的预示如何在同一个人身上达成一致。（20）然而，他说，人们通过婚姻谋求子息，在结婚的那个时刻，以及夫妻交合的那一时刻，确定而必然的星辰布列应当已经揭示出，会生出怎样的人，具有拥有何等命运；而远早于此，当父母自己出生时，从他们的星象（genitura）就应当预知，他们将来究竟会生下怎样的人；如此这般往前推以至无穷，这样，如果这种学说以某种真理为基础的话，那么从现在起一百代之前，甚至从天地之初始，从那时起，无论一个人的祖先繁育多少代子孙，这些星辰就应该持续地以连续不断的征象，预言出每一个如今出生的人将会怎样，有怎样的命运。（21）接着他又说：“如果一人在如此之短暂的间隔里的生活或命运的迹象，通过一代代的祖先，通过承

1　即这些星辰再一次处于同样位置的时间。这个观点是，对一个人的观察，即便被证明是正确的，也没有价值，因为星辰回到早些时候的观察时所处的同一位置需要很长时间。

2　西塞罗《论预言（De Divinatione）》第2卷第97节：“人们说巴比伦人在470,000年的时间里列出每个孩子出生时的星象，并且用结果加以验证核实，此话有谬。如果他们有此习惯，就不会放弃。”

3　部分星占师认为，算命天官图应该根据受孕成胎时刻的星象排算，星占师的主流还是依据出生时刻的星象排算。据江晓原《历史上的星占学》第1章第3节。

前续后的无穷序列，频繁而反复地昭示为一模一样，但星辰的形态却不一样，我们又如何能相信，由某个星辰的形状和位置所决定的命运和造化对某个人来说完全是确定而不可改变的，而这一形状却需要极长的数代人的时间才会回复原样？（22）如果这种事情能够出现，如果这些的矛盾与差异在古时被每一代人接受，用来预测此后出生者的开端的话，这些差异就会使观察陷于混乱，并摧毁这个学说的整套理论。”（23）此外，他认为最不可容忍的是，那些占星术士认为，不仅是外在发生的事情和事件，甚至连人们的思虑、判断、各样的意愿、欲求与厌恶，以及心灵对很小事情的偶然而突然的迷恋与排斥，这种种，都是从高高在上的天空得到推动与激发的。例如，你偶然地想走去沐浴，接着又不想去了，然后还是想去，这种事之所以发生，并非出于各种各样的心理活动，而是因为行星某种不可避免的往复运动。若是人们所为之事均非出自个人的心愿、出自个人的想法，而是受星辰的引导与驱使的话，他们显然就不再是所谓的理性的动物，却仿佛成了某种滑稽而可笑的提线木偶。（24）他说：“如果他们断言，皮洛士王和马尼乌斯·库里乌斯（Manius Curius）[1]中的哪一位会在战争中取胜是可以预知的话，他们究竟为何不敢也预测一下，在这里玩骰子和下棋的人，谁会取胜？莫非他们只知著而不见微，而小事比大事更难了解？（25）如果他们关注大事，声称大事更加清晰、更易于把握的话，那么我倒是希望，”他说，“他们回答我，在对整个天穹的观测之中，在大自然的宏大工程面前，他们认为，在人类如此琐碎短暂的事务与命运当中，哪些是大事呢？我还希望，”他说，“他们也回答这个问题：（26）人的宿命在出生时注定，而这一片刻如此短暂倏忽，以致于在那同一时刻，在同样的天空轨道下，不可能有多个人同时诞生于同样的星象，因此双胞胎（geminus）

1　即马尼乌斯·库里乌斯·邓塔图斯，参看本书第10卷第16章注。公元前275年他彻底击败伊庇鲁斯国王皮洛士。

也不会有同样的命运，因为他们不在同一时刻降生，若是如此，”他说，“我请他们答复，时间的步伐飞逝而过，几乎无法用心灵的思考去把握，他们要用什么方法才能赶上，或者去捕捉，去查看？因为他们说，在日夜的瞬息变换中，即使是最短促的瞬间也会造成巨大变化。”（27）最后他问，对下述问题，能够作出怎样的回应：不同性别的人，年纪各不相同，在星辰的不同状态下出世，在相距很远的地区诞生，所有人却同时因为或地裂，或房屋倒塌，或城市被攻陷，或同坐船中被巨浪掀翻，以同样的方式，遭受同样的打击，一起死亡。[1]（28）他说：“如果每人各自的出生时刻都有各自不同的法则的话，这种情况是肯定不会出现的。（29）但是他们如果说，”他说，“出生于不同时间的人，后来通过一些相同的星辰会合，可能会在他们的生活和死亡中遭遇一些一模一样的事情，那么为什么不会出现这样的情况：在某个时候，一切事物都变得一样了呢？以致于由于星辰的这种会聚和相似，同时出现了多个苏格拉底[2]、安提斯泰尼（Antisthenes）[3]和柏拉图，他们在出身、外表、禀赋、性格、整个生活以及死亡上都一模一样？而这是”，他说，“绝不可能发生的。”（30）因此，“他们无法恰当地用此理由来解释出生不同而死法一样的现象。”（31）他还说，他手下留情，不再要求他们回答这个问题：如果人的生存和死亡以及人间诸事，其所发生的时间、方式和原因都源自天空，存于星宿之间的话，那么，关于苍蝇、蠕虫、海胆，以及其他许多生活于陆地与海洋的微小生物，[4]他们又该说什么呢？它们是否也依照与人类一样的法则

1 西塞罗《论预言》第2卷第47章第97节：“我还要问这个问题：在坎尼战争中阵亡的罗马人是否都有同样的星象？可是他们都有一种相同的结局啊！”

2 西塞罗《论预言》第2卷第47章第97节：“难道所有的天赋异禀之士有着同一星象？什么时候没有无数的天才出生？可是肯定没有一个与荷马相似。”

3 参看本书第9卷第5章注。

4 西塞罗《论预言》第2卷第47章第98节：“若是任何生物的诞生都与天象或者星宿的组合有关，那么必然不仅对人如此，对野兽也是这样。还有什么论断比此更加荒谬吗？”

诞生与死亡？于是，要么青蛙以及蚊蚋的出生时刻的宿命也是由天空星星的运动所指定的，要么，若是他们不这样认为，似乎就没有理由解释，为何星星的这种力量在人身上有作用，在其他生物身上却失去效用。

（32）我用干瘪、粗糙、近乎无精打采的言辞谈论这个话题。但是法沃利乌斯，因为其人的天赋，也因为希腊语雄辩的丰富与优雅，阐述这些时，说得更加巨细靡遗、优美动人、闪亮夺目、流畅悦耳，此外，他还再三告诫我们应当提防，不要让这些花言巧语的人以任何方式潜入，获得我们的信任，因为有时候他们信口开河、四处散布的一些预言看起来似乎是真的。[1]（33）“因为他们说的那些话”，他说，“不是可以理解、可以确定、可以把握的，而是凭借着捉摸不透、迂回曲折的推测，小心翼翼地游走于真假之间，仿佛在黑暗中行进。他们或是经历了多次尝试之后突然在不知情的情况下获得真相，或是在问卜者的高度轻信的引导之下巧妙地到达真相所在[2]，所以过去的事似乎就比未来的事更容易被模拟出真实。然而他们通过侥幸或者狡诈的方式所道出的真实，”他说，“和其他的、他们所编造的谎言相比，不及千分之一。”

（34）除了这些我从法沃利乌斯处听来的话之外，我还想起了很多古代诗人驳斥谴责这种虚妄谬论的证言。其中，帕库维乌斯有此语：

谁若预知未来事，便可比肩朱庇特。

同样，阿克基乌斯也说：

我不信那些占卜师，他们用空言装满了
别人的耳朵，用金子充实了自己的家宅。

（35）同样，法沃利乌斯希望阻止年轻人走近这些人，希望

1　此处提醒人们，那些星占师偶尔也会蒙对一些事情，不应该受到这种似是而非的预言的蒙蔽。

2　如同今日在中国依然盛行的看相之术，术士往往通过察言观色，或者在与求问者的攀谈中套出有用的信息。

他们远离生辰星占师或者其他这类人，他们号称能用某些特异功能来预言未来的一切，他最后以这样的论证来劝诫年轻人绝不要去找那些人，不要去向他们请教意见：（36）“关于将来之事，他们或预言是祸，或预言是福。若他们说是福，却说错了，你就会因空期待一场而悲伤；若他们说是祸，却欺骗了你，你就会因空紧张一场而悲伤；但如果相反，他们回应正确而其事不善，你的心灵却已在恶运到来之前经受悲伤；如果他们预告了吉祥，而好事确乎发生，那么显然会有两个不利之处：希望的期待将会把将信将疑的你弄得疲惫不堪，而这种希望也提前收割了你未来喜悦的果实。所以出于任何理由，这些预知未来的人，我们都不该和他们有任何往来。”[1]

荷马神化

〔法〕让－奥古斯特－多米尼克·安格尔（1780—1867）

1 法沃利努斯在此文中所进行的论证，西塞罗将其归之于卡尔内阿德斯（Carneades）和帕奈提乌斯。西塞罗《论预言》第2卷第47章第97节：“你可注意到我不是重述卡尔内阿德斯的论证，而是斯多葛派领袖帕奈提乌斯的观点？”

第 2 章

我向法沃里努斯请教法官的职责，他以何种方式进行阐述。

（1）当我第一次被大法官选为法官之一，从事所谓的“普通人”审判（privatum judicium）[1]时，我收集了希腊语和拉丁语的有关法官职责的著作，因为，像我这样一个浸润于诗人的故事与演说家的结束语中的年轻人被召来审理讼案，如人们所言，缺乏生活的语言，以此，便可从这些人称“无言的老师”处知晓法律事务。而在延期宣判（diffissio）[2]、延期至第三天宣判（comperendinatio）[3]以及其他一些法律惯例方面，尤利乌斯法（Lex Julia）本身[4]以及马苏里乌斯·萨比努斯和其他一些法学家的笔记都为我提供了告诫

1 参看本书第 12 卷第 13 章注。这涉及古代的程序。大法官在诉讼各方的认可下任命法官。作者此处的文字让我们想到，存在一份名单，大法官们从中挑出每次诉讼的法官。

2 当诉讼不能在一天之内完成时，需要有相应的程序保障被告再次出庭，diffissio 就是在复庭得以保障的情况下的休庭。上述保障通过担保方式实现，即支付所谓“到庭担保金（cautio vadimonium sisti）”。

3 即休庭至第 3 天。本书第 6 卷第 1 章第 10 节中便有这种例子。

4 即《尤利乌斯私诉程序法（Lex Julia Judiciorum Privatorum）》，有人认为是奥古斯都颁布的，此法去除了一些死板的规定，提供了变动期限的可能性。

和帮助。（2）至于经常出现的案件曲折不明，以及理由相反所导致的模棱两可局面，这些书全然不能有助于我。（3）因为，尽管法官应当根据当前案件的情况做出决定，还是存在着一些通用的警示和规诫，法官应当在审案之前予以掌握，以资应对未来不确定的难题，例如当时我碰到的一件难以判决的复杂迷案。

（4）有人在我面前要求另一人还钱，说钱已交付并点数。[1]但是原告未能以文件（tabula）或者证人来证明此事，而只指望微弱的证据。（5）但是，众所周知此人是一个地道的好人，其信用广为人知、历经考验，生活完美无疵，他的众多正直诚实的光辉事例历历可见。（6）而被告者其人生活与事业皆乏善可陈、劣迹斑斑，时常被人揭穿谎言，表现出满腹奸诈和欺骗。（7）此人和他的许多辩护人一道叫喊，款项的支付应该当着我面以习惯的方式加以证明，即支付的记录、钱庄的账目、当庭出示的手写字据、[2]封印的书板、证人的担保等；（8）所有这一切，如无一出示以为证据，他应当被立即释放，而原告当被判诬告。而有关双方的生活和行为的言论，徒说无益。因为此案事关当普通人法官之面索偿钱款，而非于监察官之前考察品行。

（9）于是我向之请教的那些朋友，他们于辩护以及广场（forum）事务方面富有经验、饶有名声，总是因为各方案子的牵扯而四处匆匆奔忙，说他们无须再留下来，说既然无常见证据证明此人收受钱款，毫无疑问理当予以释放。（10）然而我仔细考虑此两人，一位诚实可靠，另一位卑鄙无耻，过着最为丑恶不堪的生活，我绝对无法同意开释他。（11）因而我下令延期宣判，而后离开法庭（subsellium），前去拜访哲学家法沃里努斯，那段时间我在罗马时经常追随其左右。我原原本本向他讲述了关于讼案、关于控辩双方的所有情况，请求他助我变得更加明智，来面对我所踌躇难决

1 即已经由原告借出。

2 债权人账本上会记上开支金额，经常还需附上手写字据。

的这个讼案，以及其他我须得在法官职责中留意的事项。

（12）这时，在赞许了我出于犹豫不安而谨慎行事之后，法沃里努斯说：“你目前所思考之事，确实可以被视为微不足道。但是，如果你希望我为你整个法官职责指明方向，眼下绝不是合适的地点与时间。（13）因为这样的讨论涉及众多复杂问题，需要大量谨慎的考察与思考。（14）我现在为你谈几个首要的问题，关于法官职责，这个问题是最先被问到的：法官即将面对的讼争，如果他碰巧对之有所知晓，若他在开始审理之前，或者说此案被送上法庭之前，从其他一些事情或者机会获悉与了解此案的一些实情，然而未在审理案子时得到证实，他应该根据他所知道的情况，还是根据庭审的结果来判决呢？”（15）他说，“这个问题也时常被问及，法官这样做是否合适恰当：审案之后如果觉得存在调解纠纷的可能，先把搁置法官的职责，承担起类似共同的朋友或者调解人的角色？（16）我知道这个问题更加存有争议和疑问，即法官是否应当在审理案子，提及或者询问那些需要提及或者询问之事，即使与这些提及或询问利益攸关的一方也未曾提出或要求？因为人们说实际上这是在行辩护人之职，而非尽法官之责。

（17）“除了上面这些，对此事也存有异议：法官用自己的插话来突出与阐明正在审理的诉讼与案件，于是，在判决之时来到之前，无论在什么时候、什么情况下，受到人们在庭前混杂而各持己见的言语的触动之后，他都表露与显现出自己的感受与想法，这样做是否合乎法官的功能与职责呢？”（18）他说，“因为，被视为敏锐而迅捷的那些法官们认为，审判者唯有通过重复的询问与必要的插话，来表达自己的想法，捕捉当事人的观点，方能探究与揭示所审案子的真相。（19）然而与之相反，那些被视为更加镇静而稳当的法官，则认为法官不应当在判决之前的双方辩论期间，每当受到所陈之词的触动，便发表自己的感受。他们说，由于法官们会因为论点和论证的差异而感受到这样或者那样的心灵触动，结果在同一时间的同一件案子中，他们似乎在产生与表达各种各样的感想。[1]

（20）“但是，”他说，“关于这些以及其他此类的法官职责的探讨，我会在以后有空时尽量解说我的理解，同样，我还要重温一下最近读过的艾利乌斯·图贝罗（Aelius Tubero）[2]关于法官职责的训诫。（21）至于你所说的在法庭上被追索的金钱，我凭赫拉克勒斯之名劝告你采纳最为睿智的马尔库斯·加图的建议，他在《反格奈乌斯·革利乌斯为卢基乌斯·图利乌斯辩护（Pro L. Turio contra Cn. Gellium）》的演说中说道，先人如此传述而且奉行：双方发生的纠纷，若无法借助文件或者证人来呈现真相，那么就要在审理此案的法官庭前考察双方中哪一方比较良善，如果双方同等良善或者同等邪恶，则相信被告，作出对他有利的判决。（22）然而在这件你所犹豫难决的案子中，原告为极善之人，被告为极恶之徒，双方之间发生的事情未有证人。（23）那么，就去相信原告，给被告定罪，因为，如你所述，双方品格并不相同，原告比较良善。”

（24）法沃里努斯那时对我作了这番忠告，与他的哲学家身份相称。（25）然而我认为，若是表现是按照品行而非按事情所具之证据来进行审判并且定罪，就有点过于自重而高傲，非我这般年纪与平庸之所宜。然而，我无法下决心开释被告，于是宣誓此案于我尚不明晰，以此摆脱了此法官职务。

（26）法沃里努斯所回忆的马尔库斯·加图的演说中的原话如下：“而我从先人的传说中得知如下情况：若有一人向另一人索要某物，如两者不分高下，或同样良善或同样邪恶，而双方所为之事，无证人在场，则最好应该相信被索物者。如今，如果革利乌斯

---

1 这里的时间（Tempore）显然是指整个审判过程期间。

2 参看本书第1卷第22章注。

与图利乌斯立了赌约（sponsio）[1]：‘假若革利乌斯不比图利乌斯更为良善’，我认为，没人会如此疯狂，会判决革利乌斯比图利乌斯更为良善；如果革利乌斯不比图利乌斯良善，最好相信被告者。”

1 革利乌斯参看本书第13卷第23章注，图利乌斯不详。赌约（sponsio）是民事诉讼中的一种约定，双方当事人承诺某个金额的赌金，如果一方的陈述在接下来的审理中被证明虚假，则此方的赌金被没收或者付给对方。

第 3 章

色诺芬（Xenophon）[1] 与柏拉图是否互相竞争，相互敌对。

（1）那些几乎巨细靡遗地描写了色诺芬与柏拉图的生平和性格的人们认为，这两者之间不免有一种静默而隐秘的相互敌对和竞争的情绪，[2] 他们还为此事在两人的著作中找出了一些这种推测的依据。（2）这些依据实际上是这样的：柏拉图在他的大量著作中从未提及色诺芬，同样，与之相对，色诺芬在他的著作中也从未提及柏拉图，[3] 尽管双方，尤其是柏拉图，在他所写的对话中提到了许多苏格拉底的追随者。（3）还有一点也被他们视为双方没有真诚、友好之感情的迹象：色诺芬在仅仅读过柏拉图那部著名的、讲述最

1　色诺芬（Xenophon，希腊文名 Ξενοφῶν，公元前 431 年—前 350 年以前），希腊历史学家，苏格拉底的弟子。他批评极端民主政治，被斥为卖国贼判处流放。一生的重大经历是在波斯王子居鲁士的希腊雇佣兵团中服役。这次经历成为他的名著《远征记（Anabasis）》的素材。他的作品还包括《居鲁士的教育》《回忆苏格拉底（Memorabilia）》等著作。

2　拉尔修《名哲言行录》第 3 卷第 34 节中举了好几个例子来说明柏拉图和色诺芬的关系不好。

3　色诺芬曾经在《回忆苏格拉底》第 3 卷中唯一一次提到柏拉图。

佳政体以及城邦治理的形式的著作[1]中刚刚问世的两卷之后，就针锋相对地在其名为《居鲁士的教育》（παιδείας κύρου）一书中描述了与之不同的君主体制。（4）他们说色诺芬的这种做法和他的著作搅得柏拉图一直心绪难平，以致于他为了菲薄与贬抑色诺芬的著作，在一卷书中说居鲁士诚然是一个勤奋积极之人，“但却绝未受过正确的教育（παιδείας δὲ οὐκ ὀρθῶς ἧφθαι τὸ παράπαν）”[2]，而这就是柏拉图关于居鲁士所说的话。

（5）此外他们还认为，这件事也可加入我上面所述：在色诺芬写的记载苏格拉底言行的书中[3]，苏格拉底从不谈论天上和自然中的原因和理由（causus ratioque），也不会去触及或认可不会导向美好幸福的生活的其他的学科，这些学科希腊人称之为μαθήματα（科学），[4]因此他说，那些把关于这些题材的谈论归到苏格拉底名下的人，卑鄙地撒了谎。（6）他们说：“色诺芬写下这些时，显然是指柏拉图，在后者的书中，苏格拉底谈论了自然、音乐，以及几何学”。（7）但是，对于最为高尚、最孚声望的人来说，无论这些事当信还是当疑，我认为其原因当然不是出于妒忌和恶意，或者出于谋求更高荣誉的竞争；因为这些都不是哲人的品质，而这两位则被公认为哲人中的佼佼者。（8）那么这种观点的理由到底是什么呢？理由肯定是这样的：通常情况下的旗鼓相当，以及在相似才能上的难分伯仲，纵使没有竞争的渴望与意愿，也难免会造成竞争的表象。（9）因为，当两个人或多个人的某些出众天赋在同一方面的研究上拥有相同的或者相近的卓越名声时，在他们各自的支持者中就会出现评价他们勤奋与功绩的争论。（10）到后来，竞争的影响也从局外人的争论蔓延到本人身上。并非源于他们本

1　即柏拉图的《理想国（Πολιτεία）》。

2　柏拉图《法律篇（Νόμοι）》694c。

3　色诺芬《回忆苏格拉底》第1卷第1章第11节。

4　参看本书第1卷第9章第6节关于μαθήματα一词的解释。

意，而是出于支持者的热切，他们前往同一品德目标的道路，由于旗鼓相当或者胜负难分，陷入了互相竞争的猜疑之中。[1]（11）因此，色诺芬和柏拉图，苏格拉底哲学之魅力中的两颗明星，被认为相互竞争、互相角逐，乃是因为别人要争论两者之中谁比较出色，也因为两个优秀的人并肩追求某个崇高的目标的时候，会造成某种争论和竞争的假象。

柏拉图及其手稿

柏拉图（约公元前 427 年—前 347 年），原名亚里士多克勒，古希腊哲学家，对西方哲学思想有重要影响。

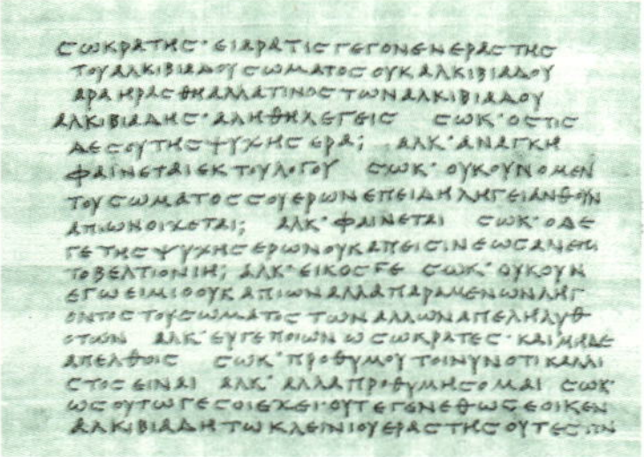

1　他们不是对手，他们只是同样渴望获得美德，所以看起来两人在进行一场比赛，而且跑得难分前后，于是他们的支持者就坚持认为他们是对手。

第 4 章

克律西波斯如何恰如其分而又绘声绘色地用富有节奏和表现力的话来描绘了正义女神（Justitia）[1] 的形象。

（1）天啊！克律西波斯在他名为《论美与快乐（περὶ καλοῦ καὶ ʽηδονῆς）》一书的第 1 卷中如此精当而准确地以严肃而虔敬的语言色彩描绘了正义女神的嘴、眼及面容。（2）他描绘了正义女神的形象，并说，古代的画家和演说家通常会以近乎这样的方式来描绘她："少女的身形体态，威严冷峻的面容，锐利的目光，具有这样一种庄严：既不卑下又不残暴，却带着令人敬畏的忧伤"。（3）而他希望通过对这一形象的展示，可以让人们认识到，法官，这个正义女神的祭司，应该是庄严、圣洁、严肃、不容收买、不受阿谀奉承所惑的，对不义和罪恶绝不姑息、毫不手软，他勇敢、崇高而强大，凭借着公平与真理的力量与权威而令人畏惧。（4）克律西波斯描写正义女神的原话如下："她被称作处女，以象征其纯洁，绝不向恶人屈服，绝不接受甜言蜜语、恳求和乞告、阿谀奉承以及其他这类东西。

1　正义女神是司法体系中的道德的人格化象征。她的标志是一条蒙眼带、一座天秤、一把剑。她经常和审慎女神（Prudentia）成对出现，后者手持镜子和一条蛇。正义女神相当于希腊女神忒弥斯（Themis）。

因此她也被描绘成外表严峻，面容绷紧、目光坚定而敏锐，从而使得不义者恐惧不安，使得正义者勇气十足，她对后者展现亲切的面容，对前者表露敌视的神情。”

（5）我认为更应当也引述克律西波斯的这些原话，让它陈列于眼前，以便考察和评断，因为一些学养更加细密的哲学家在听我读完这些之后，说那是残暴女神（Saevitia）的形象，而非正义女神的。

正义

〔意大利〕卢卡·焦尔达诺（1632—1705）

第 5 章

详述著名的语法学家们在罗马就 egregius 一词的呼格进行的争吵与辩论。

（1）有一次，我因长久的思考而感到疲倦，于是漫步在阿格里帕广场（Campus Agrippae）上[1]，以图放松与恢复一下头脑。在那儿我碰巧看见了两位在罗马城名声赫赫的语法学家，亲历了他们的一场激烈争论，一个争辩说“vir egregius（出类拔萃者）”的呼格应该是“vir egregi”，另一人则说当是“vir egregie”。

（2）认为当说 egregi 的那一人的理由是：“任何一个主格单数以音节 us 结尾、末音节前有字母 i 的名词或名称，它们的呼格全部以字母 i 结尾，例如 Caelius Caeli、modius modi、tertius terti、Accius Acci、Titius Titi 和所有类似的词；因此，因为 egregius 的主格以音节 us 结尾，而在此音节前是字母 i，它的呼格应该有一个字母 i 的结尾，所以说成 egregi 而非 egregie 更加合适。而 divus 、rivus 和 clivus 不是以音节 us 结尾，而是以应

1　阿格里帕广场（Campus Agrippae）是马尔斯广场的一部分，由奥古斯都的著名将领阿格里帕（Agrippa）所建并于公元前 7 年献给皇帝。

当写有两个 u 的音节结尾，为表示其发音人们找到一个新字母，它被称为 digamma[1]。

（3）另一位听闻此言，说："啊！出类拔萃的语法学家，或者，要是你更喜欢，最出类拔萃的！求你告诉我，inscius、impius、sobrius、ebrius、proprius、propitius、anxius 以及 contrarius 的呼格是什么？它们以音节结尾，末音节前有字母 i。因为按照你的定义发音会让我羞愧难当。"（4）被这些针锋相对的词汇所震撼，那人一时无语，但他很快回过神来，为自己所定义的规则进行维护辩解，他说，proprius、propitius、anxius 和 contrarius 的呼格，应该说得和 adversarius 与 extrarius 一样；inscius 还有 impius、ebrius 和 sobrius 有点奇特，然而在同一个格还是应当发 i 音，而非 e 音，较为合适。他们的争论还会持续更久，我断定没必要继续听这些同样的话，于是离开了这两位喧哗吵闹的人。

1　Digamma 是希腊文旧字母，形如 Ϝ，发音近于国际音标 [w]。罗马人使用这个字母来代表发音 f，一开始带有送气音 h，后来没有了。因为字母 V 同时用作元音 u 和半元音 v，克劳狄乌斯皇帝引入了倒转的 digamma（Ⅎ）来代表后者。作者此处所指的用倒转的 Ⅎ 来代表 v 的做法，显然只在少数语法学家中得到了应用。

第 6 章

关于那些有着学问的外表，却既不令人愉快、也无用处的事情；以及关于个别城市和地区的名称的变化。

（1）我的一位朋友，学问方面并非籍籍无名，大部分时间用于翻阅书籍。他说“我想去为你的‘夜话’提供帮助和装饰。”与此同时，他给了我一部卷册庞大、用他自己的话，就是各种学问喷涌欲出的书。他说，他通过大量的、各种各样而且冷僻难解的阅读，精心编成此书，以使我随意从此书中获取尽量多的值得纪念的事情。（2）我急切而高兴地予以接受，犹如获得了丰收女神之角（Copiae Cornum）[1]，于是我躲到无人之处，开始不受干扰的阅读。

（3）朱庇特作证，书中写的全都是异闻奇事：最早被称为“语法学家”的人叫什么名字；[2] 叫毕达哥拉斯（Pythagoras）的

1　神话中有魔力的角，主人要什么，它就生出什么，如同希腊神话中的阿玛尔忒亚之角（Ἀμαλθείας Κέρας）。

2　亚历山大的克雷芒（Clement of Alexandria）在其《杂缀集（Stromata）》中说是库迈的阿波罗多鲁斯（Apollodorus of Cumae）与库勒尼的埃拉托斯泰奈斯（Eratosthenes of Cyrene）。但是在作者那个年代的人看来，最早的语法学家是普拉克西法奈斯（Praxiphanes）。

名人有多少，[1]叫希波克拉底（Hippocrates）的有多少；[2]荷马所说的尤利西斯家中的λαυρή（通道）[3]是怎么样的；忒勒马科斯休息时为什么不是用手，而是用脚来踢醒[4]睡在一旁的庇西特拉图（Pisistratus）；欧律克勒娅（Euryclia）用哪一种锁闩关住了忒勒马科斯；[5]为什么同一个诗人不知道玫瑰，却知道玫瑰花油。[6]而且还写了这件事：尤利西斯那些被斯库拉（Scylla）抓走、撕成碎片的同伴们的名字；[7]尤利西斯究竟是如阿里斯塔尔库斯（ἀρίσταρχος）[8]所说，漂流在内海，还是如克拉特斯（Κράτης）[9]所说，漂流在外海。[10]（4）同样在书中还记载了荷马诗中的同值诗句[11]；以及他的藏头诗里可以找到哪些人名；哪首诗里每个词都要比上个词增加一个音节；[12]他还说因何理由每只母羊每年产三只羊羔；[13]以及在阿喀琉斯

1 《名哲言行录》第 8 卷第 46 节中说同一时期有四个人取名毕达哥拉斯。

2 在《大保利古典学百科全书》收录了 24 位名叫希波克拉底的人。

3 《奥德赛》第 22 卷第 128 行、第 137 行。

4 《奥德赛》第 15 卷第 44 行。

5 《奥德赛》第 1 卷第 441 行。

6 《伊利亚特》第 23 卷第 186 行。

7 《奥德赛》第 12 卷第 245 行。斯库拉是希腊神话中吞吃水手的女海妖，有六个头十二只手，腰间缠绕着一条由许多恶狗围成的腰环，守护着墨西拿（Messina）海峡的一侧。

8 参看本书第 2 卷第 25 章注。

9 参看本书第 2 卷第 25 章注。

10 本书第 2 卷第 25 章还提到了此两位就其他事情的争论。内海是指地中海，外海指地中海之外的海，一般指大西洋。

11 从公元前 4 世纪起，古希腊人开始采用一种名为爱奥尼亚（Ionia）数字的半十进制字母系统，每个个位数字由一个字母表示，每个十位数字由另一些字母表示，百位数字亦如此。如 α 为 1，ι 为 10，ρ 为 100。这样一来需要 27 个字母，而希腊字母只有 24 个。因此三个废弃的希腊字母被利用了起来：Digamma（ϝ 或者 ϰ）、Koppa（ϙ 或者 ϟ）、Sampi（Ͳ 或者 ϡ）。将诗句中的每个字母所代表的数字相加所得出的和便是这句诗的值。譬如《伊利亚特》第 7 卷第 264 行和第 265 行的值都是 3498。参看《十二凯撒传·尼禄》第 39 节。

12 如《伊利亚特》第 3 卷第 182 行：“ὦ μάκαρ ᾿ατρείδη μοιρηγενὲς ὀλβιόδαιμον”（阿特柔斯的快乐的儿子，幸运的骄子。——罗念生译）。

13 《奥德赛》第 4 卷第 86 行。

（Achilles）的圆盾中的五层当中，哪一层被加固了，用黄金做的是表层还是中间层；[1]此外还有哪些城市和地区的名称已经改变了，波奥提亚（Boeotia）[2]以前被称为奥尼亚（Aonia），埃及（Aegyptus）以前被称为埃利亚（Aeria），克里特（Creta）[3]也被称为同一个名字埃利亚，阿提卡（Attice）[4]曾被称作阿克泰（'ακτή），科林斯（Corinthus）[5]曾被称作埃菲莱（Ephyre），马其顿（Macedonia）曾被称作埃马提亚（'ημαθία），色萨利（Thessalia）[6]曾被称作埃摩尼亚（αἰμονία），图罗斯（Tyros）[7]曾被称作萨尔拉（Sarra），色雷斯（Thracia）曾被称作西托尼亚（Sithonia），派斯图姆（Paestum）[8]曾被称作波西多尼亚（ποσειδώνιον）[9]。（5）这部书里记载了这些和其他诸如此类的事情。

我急忙将书立刻归还。我说，最有学问的人啊，恭喜你知识如此渊博，请收回这部内容极为丰富的书，它一点也不适合我这些可怜的文字。因为你所想加以充实与装饰的我的这部“夜话”所寻求的东西主要和荷马的一句诗有关，苏格拉底说万物之中，这句诗总

1 《伊利亚特》第 20 卷第 271 ~ 272 行：“两层青铜在外，两层白锡在里，/中间一层黄金”（罗念生译）。

2 参看本书第 3 卷第 3 章注。

3 参看本书第 1 卷第 11 章注。

4 参看本书第 1 卷序言注。

5 参看本书第 1 卷第 8 章注。

6 色萨利（Thessaly），希腊中东部一个地区。在公元前 3 世纪至公元 2 世纪是众多文化的聚集地。到约公元前 1000 年建立政权。公元前 2 世纪，该地加入罗马的马其顿行省。

7 图罗斯（Tyros）现名提尔（Tyre），黎巴嫩南部城镇。公元前 11 世纪—前 6 世纪是主要商业城市，也是腓尼基人的中心，拥有海上霸权。因出产丝绸服装和提尔紫染料而闻名。可能始建于公元前 14 世纪之前。

8 派斯图姆（Paestum），意大利南部古城。公元前 6 世纪由希腊移民所建，并命名为波西多尼亚（ποσειδωνία）。公元前 4 世纪一支意大利卢卡尼亚人占领该城，直至公元前 273 年陷于罗马人之手。

9 ποσειδώνιον 当作波西多尼亚（ποσειδωνία），ποσειδώνίον 的意思是波塞冬神庙。此处显然是作者的笔误。

是最让他动心：

ὅττι τοι ἐν μεγάροισι κακόν τ᾽ ἀγαθόν τε τέτυκται

在你家中发生的每一件坏事和好事。[1]

诗人的灵感

〔法〕尼古拉斯·普桑（1594—1665）

1 《奥德赛》第 4 卷第 392 行。苏格拉底认为哲学学习的主要价值在于他对学习者个人生活和品格的影响，革利乌斯显然是指他收集资料的目的是供家人消遣。参看本书第一册《序言》第 1 节。

第 7 章

马尔库斯·瓦罗在格奈乌斯·庞培的第一个执政官任期给了后者一份备忘录，瓦罗本人称之为《召开元老院会议入门（εἰσαγωγικόν[1]，De Officio Senatus Habendi）》。

（1）格奈乌斯·庞培第一次被任命为执政官，[2]同僚是马尔库斯·克拉苏（Marcus Crassus）[3]。（2）当庞培就任此职时，因为长期处理军务，在召开和征询元老院方面，以及城市事务方面缺乏经验，于是要求他的朋友马尔库斯·瓦罗准备了一份 εἰσαγωγικόν（入门知识）——瓦罗本人如此称之，从中可以学到在征询元老院时，应该如何行事、如何发言。（3）瓦罗在致奥皮阿努斯（Oppianus）的信中说，他就此事为庞培所撰的那部备忘录业已遗失，这些信见于《书信问题（Epistolicae Quaestiones）》的第 4 卷。因为以前所写的东西已经消失，他在这些信中重述了大量有关此项事务的指导。

1 εἰσαγωγικόν 一词的意思是导论。

2 公元前 70 年。

3 即马尔库斯·李基尼乌斯·克拉苏，参看本书第 4 卷第 10 章注。

（4）在信中，他首先陈述，按照先人惯例，元老院通常由这些人来召开，他们是：独裁官、执政官、大法官、平民保民官、摄政、罗马城市长官；他说，除了这些人之外，无人有权提出元老院决议（senatusconsultum）。若是发生下述情况，即所有这些行政官同时都在罗马，那么，他说，上述名单中排位最前者，具有优先征询元老院的权利；（5）其次是代理执政官职务、拥有特殊权利的军事保民官（tribuni militum）[1]；此外，行使执政官权力时期的十人团；[2]以及，为治理共和国而组成的三巨头（triumviri）[3]；他们都具有征询元老院的权利。

（6）此后他写到了否决权（intercessio）。他说，只有下述这些人有权提出反对，使得元老院决议不能通过：他们和那些希望通过法案的人拥有同等权位（potestas），或者拥有更高的权位。

（7）而后他还提到了可以合法产生元老院决议的场所，他指出并且确定，只有在占卜师指定的地方，所谓"圣址（templum）"[4]者，所制定的元老院决议才是合法的。因此，霍斯蒂利乌斯会堂（Curia Hostilia）和庞培会堂（Curia Pompeia），以及后来的尤利乌斯会堂（Curia Julia）[5]，因为它们不属于圣地，就由占卜师指定为圣址，以便可以在这些场所按照先人惯例制定合法的元老院决议。在这些当中，他也没忘记提到并非所有圣殿都是圣址，甚至连维斯塔神庙

1　公元前445年—前367年间，人数为3至6位的军事保民官承担了后来的执政官的职责。

2　公元前451年—前450年间，先后成立了两个十人立法团来编撰《十二铜表法》，除了编撰法律之外，十人团还承担了高级行政官的所有职责。

3　指后三巨头安东尼（Antonius）、屋大维（Octavianus）和雷必达（Lepidus），他们的统治从公元前43年持续到前33年。

4　指由占卜师划定的用于宗教事务（如神庙）或者公共事务（如元老院会堂）的场所。

5　霍斯蒂利乌斯会堂（Curia Hostilia）位于罗马户外集会场（comitium），是最早的元老院所在地，据传和第三位罗马国王图鲁斯·霍斯蒂利乌斯（Tullus Hostilius）有关。公元前80年由苏拉修复，前53年被烧毁。尤利乌斯会堂（Curia Julia）由凯撒于公元前45年开始建造。凯撒被谋杀于其中的庞培会堂（Curia Pompeia）则由庞培在公元前55年建造，靠近他的剧场。

（Templum Vestae）[1]都不是。

（8）此后他接着说产生于日出之前或者日落之后的元老院决议是无效的；而在这个时间段促使元老院决议得以达成者，则被视为犯下了当受监察官审理的案子。

（9）接着他在同一处讲述了诸多知识：哪些日子里召集元老院属于非法；召集元老院者，须当事先用牺牲祭神并用鸟占卜凶吉，应当先将与神明有关的事情提交给元老院，再提交与凡人有关的事情；接着他应该不限范围地向元老院提交事关国家利益的议题，[2]或者有限制地提交个别事项；元老院决议以两种方式产生：或如得到赞成，则通过表决（discessio）[3]产生；或如存有争议，则征求每个人的意见；但是须得按照级别顺序征求每个人的意见，从执行官级别开始。以前，总是这个级别里被选为首席元老[4]的那一位最先受到征询，当他写下这些时，他说已经形成了新的惯例，出于恭维和感恩的目的，通常元老院会议的召集者想要询问的人最先受到征询，只要他属于执政官的级别。[5]（10）此外他还论述了对应该出席元老院会议但却缺席的元老，会没收抵押物、处以罚款。（11）在我上面所提到的这部书里，马尔库斯·瓦罗在致奥皮阿努斯的信中继续陈述了诸如此类的事情。

（12）然而他所说的元老院决议通常以两种方式产生，或通过征求意见，或通过表决，似乎与阿泰乌斯·卡皮托在《杂集（Coniectanea）》一书中留下的记载不同。（13）因为在《杂集》

1　维斯塔神庙尽管拥有宗教性质，依然不是神圣的庙堂。据说它是由第二位罗马国王努马（Numa）所建，非常古老。曾数次焚毁与重建。

2　即不限范围地讨论公共事务。

3　discessio 的原意是离开，此处指元老院的表决，因为表决是以元老离席走到不同位置的方式进行的。

4　指被监察官置于元老名单首位的元老。

5　《十二凯撒传·尤利乌斯·凯撒》第 21 节中提到凯撒就任执政官后，违背传统，指定庞培而非克拉苏首先发言。此处所讨论的问题还可参看本书第 3 卷第 18 章、第 4 卷第 10 章。

的第 3 卷里，卡皮托说，图贝罗说过任何元老院决议都不能不经表决而产生，因为在所有的元老院决议中，即使是通过一次汇报（relatio）而产生的决议，表决也是必需的。卡皮托自己确认这是对的。但是，关于这整件事，我记得在另一处他写得更加充分、更加准确。

第8章

因为拉丁节（Latinarum）[1]而被指定的长官（praefectus）是否有权利召集及征询元老院，有人问及此问题，且有不同回答。

（1）尤尼乌斯（Junius）[2]否认因为拉丁节而留守的城市长官可以召集元老院，因为他既不是元老，也没有发言权；他成为长官的时候，还未符合元老资格。（2）然而马尔库斯·瓦罗在《书信研究》第3卷中，阿泰乌斯·卡皮托在《杂集》第3卷中，则说长官有权召集元老院；就此事，卡皮托说自己赞同图贝罗，反对尤尼乌斯的观点，他说："因为平民保民官也有权召集元老院，尽管在阿提尼乌斯平民决议（Atinium plebiscitum）[3]之前他们并非元老。"

1 拉丁节（Feriae Latinae）是一个古老的罗马宗教节日。每年4月末在阿尔巴山（Alban Mount）由罗马人和拉丁人共同举行。具体日期由执政官决定。因为执政官必须出席，他们任命罗马城市长官在城中代理他们的职务。在帝国时期，此人被称为拉丁节城市长官。因为此长官拥有他所代理的官员的权力，所以瓦罗和图贝罗在理论上是对的。但是因为经常有非常年轻的人被任命为城市长官，在实际操作中尤尼乌斯可能是对的。

2 可能是马尔库斯·尤尼乌斯·格拉卡努斯（Marcus Junius Gracchanus），生卒不详。一个知名的法学史家、罗马宪法和行政方面的学者。

3 时间不详。平民决议是指在平民大会（concilium plebis）作出的决议。参看本书第10卷第20章注。

第15卷

此处安息着一个人，生命之光早已熄灭，
很久之前，他倒在了赫克托尔的剑下；
有人会这样说。而我的荣耀永存于世。

第 1 章

昆图斯・克劳狄乌斯[1]在其《编年史》中所写的涂上明矾的木头不会燃烧。

（1）修辞学家安东尼乌斯•尤利安努斯（Antonius Julianus）[2]在其他场合也总是侃侃而谈，这一次更是说得极其愉快而美妙。因为这些学术性演说，尽管出自同一个人、同样的口才，也不大可能每天都同样美妙。（2）因而我们，他的朋友们，簇拥着他，跟随他回家。当我们走近奇斯皮乌斯峰（Mons Cispius）[3]时，看见了一幢拔地而起、楼层众多的公寓楼（insula）[4]着了火，此时近旁所有的房子开始猛烈地燃烧。（3）这时，在场的某位尤利安努斯的伙伴说："城里的产业收益巨大，然而风险也大了许多。若是能有什么办法，让罗马的房屋不再经常起火，赫拉克勒斯作证，我就会出

1　即夸德里伽里乌斯。

2　安东尼乌斯・尤利安努斯参看本书第 1 卷第 4 章注。

3　奇斯皮乌斯峰（Mons Cispius）是罗马七丘埃斯奎利努斯山（Mons Esquilinus）的山峰之一。

4　古罗马时期供穷人居住的长方形公寓楼。早期的公寓由木材和泥砖建造，容易失火和倒塌。

售乡间的产业，买进城里的。”（4）尤利安努斯带着他谈话时固有的愉快和优雅，说：“如果你读过最为善良而真诚的作家昆图斯·克劳狄乌斯的《编年史》第19卷，那么，米特拉达梯王的统帅阿尔凯劳斯（Archelaus）[1]实际上已经教给你，以何种方法和窍门保护你的木头房屋不被火烧毁，即使火苗已经潜行而入。”

（5）我问他夸德里伽里乌斯所说的这件奇迹是怎么回事。（6）他继续说：“我看到此书中写道，当卢基乌斯·苏拉在阿提卡地区围困了比雷埃夫斯（Piraeus）[2]，与城中的米特拉达梯王的统帅阿尔凯劳斯作战之时，为了防御而建的木质塔楼四周被火所包围，却没有燃烧，因为被阿尔凯劳斯涂上了明矾。”

（7）夸德里伽里乌斯在此书中的原话如下：“苏拉经长时间奋力战斗之后，率部出发，以图烧毁阿尔凯劳斯放置于两阵之间的一座独立的木质塔楼。他抵达那里后，走近木塔，置木柴于其下，驱走了希腊人，引火而至，尝试良久，都未能点燃，阿尔凯劳斯就是这样用明矾涂遍了木头，苏拉及其士兵对此大为惊骇，既然无法烧毁，便退兵回营。”

1　阿尔凯劳斯（Archelaus，希腊文名：Ἀρχέλαος，？—公元前63年）是本都（Pontus）国王米特拉达梯六世麾下最重要的将领。

2　公元前88年，阿尔凯劳斯率一支舰队和一支军队前往希腊，支援雅典试图摆脱罗马统治的努力，在比雷埃夫斯建立了军事总部。当年的罗马执政官苏拉于次年率5个军团到达希腊，从路上和海上包围了雅典和比雷埃夫斯。前86年在凯罗奈亚战役（Battle of Chaeronea）中战胜了本都军队。

第 2 章

柏拉图在他所写的《法律篇（De Legibus）》中认为，在宴席上豪爽而快乐地劝酒（invitatiunculas）并非毫无裨益。

（1）一个来自克里特岛、逗留在雅典的人宣称自己是柏拉图哲学家并渴望被如此看待。（2）但他只是个一无是处的人，一个夸夸其谈的家伙，吹嘘自己在希腊语雄辩方面的荣耀，此外，他还因为嗜酒如命而成为笑柄。（3）在一次我们于每个月的每个星期在雅典举行的例行青年人聚会中，进餐甫一结束，有益而使人愉悦的讨论行将开始之时，那家伙要求大家安静下来，开始发言，依照他固有的风格，用一大堆那种空洞杂乱的言辞来向所有人劝酒，他还宣称，他这样做，乃是依据柏拉图的教导，如同柏拉图在他写的《法律篇》一书中滔滔不绝地赞扬了醉酒，并认为这有利于男人的善和强壮。他一边说着，一边又用许多硕大的杯子灌下所有这些“禀赋”，并且说，如果人的心灵与肉体被酒点燃的话，此物便正是禀赋和勇气的木燧与火绒。

（4）但是在《法律篇》的第 1 和第 2 卷中，柏拉图实际上并没有如这个无赖所认为的那样颂扬这种极其丑陋的醉酒，它往往会削弱与危害人的心智。但是也不反对在一些清醒的宴会仲裁和主持人的掌控下举行适度豪畅与尽兴的酒席。[1]（5）因为他认为，在适度而体面的饮酒消遣中，心灵可以得到重塑与复原，从而恢复其清醒的功能，并且使它们渐渐地快乐起来，变得更加适合于承受新的压力。与此同时，如果谁在其心中藏有一些由某种可敬的廉耻心所掩盖的情感或者贪欲方面的误念的话，所有这些都可以在没有很大风险的情况下借由酒性所致的真率袒露出来，从而更有利于得到纠正与治疗。

（6）柏拉图在同一处还说道，这种抵抗酒之狂烈的行动[2]不当予以回避或者拒绝，没有哪位看起来足够真诚地完全自我控制自我约束的人，其生活方式和生活习性，不曾在这些迷乱的危险中、享乐的诱惑中经受过考验。（7）因为如果一个人对这种宴会的乐趣和魅力一无所知，对所有这一切毫无经验的话，当他或是受欲望所携带，或受机缘所指引，抑或受命运所驱使，参与这种享乐，此人多半会受其迷惑，遭其俘获，神魂颠倒而不能自持，如受某种陌生的力量所击中，踉跄欲倒。（8）所以柏拉图认为，我们应当像在战场上一样与寻欢作乐正面交战，与酗酒无度决出胜负，如此，面对它们，我们就不会以逃离现场或者置身事外来保全自己，而是通过精神的力量、持续的冷静、有节制的饮用，来保持自己的清醒与适度，同时，并且温暖与振作心灵，将任何藏匿于其中的冰冷的忧伤与无力的胆怯一扫而空。

1　参看《法律篇》第 1 卷 637a、647e 和第 2 卷 666b、671b。

2　指适度而节制地享用酒。

第 3 章

马尔库斯·西塞罗如何理解与解释动词 aufugio（逃走）和 aufero（拿走）的前缀；以及这同一个前缀是否当被视为存在于动词 autumo（声称）中。

（1）我读过马尔库斯·西塞罗名为《演说家（Orator）》的书。（2）在此书中，他说 aufugio 和 aufero 这些动词实际上是由前缀 ab 和动词 fugio 和 fero 构成，为了使发音和听受更加平顺，演变转化成了音节 au，人们开始说成 aufugio 和 aufero 来代替 abfugio 和 abfero。[1] 说了这些之后，听我说，西塞罗又在同处就同一个前缀如此写道：（3）“除了这两个动词之外，此前缀未见于任何其他动词汇。”[2]

（4）然而我在尼基第乌斯的《语法学评注》中看到，autumo 一词由前缀 ab 和动词 aestumo（评价）构成，而且被省略地读作 autumo 来代替 abaestumo，它的意思是 totum aestumo（全面评

1 au 也可能是一个与 ab 不同的介词。

2 《演说家》第 158 节。

估），类似于abnumero（统计）[1]。（5）不过，我怀着对最为博学的普布利乌斯·尼基第乌的崇高敬意说这番话：他的说法与其说是真实无误，不如说是勇敢而机智。（6）实际上autumo不仅仅有aestumo之意，也有dico（说）、opinor（认为）和censeo（评价）的含义，这些词和上述前缀在发音上既不协调，在含义上也不一致。（7）再者，倘若第三例能够找得到，在研读典籍方面最为勤奋努力者马尔库斯·图利乌斯不会说只有这两个此类动词。（8）然而这个问题更加值得考察探究：前缀ab演变转化为音节au是为了发音的平顺，抑或前缀au有其自己的起源，有如其他许多来自希腊语的前缀那样，这样这个前缀也是来源于此；正如在荷马的这句诗中：

先往后扳（αὐέρυσαν），然后割断喉咙，剥去皮。[2]

以及

大声喧哗而齐声呐喊（αὐίαχοι）。[3]

1　autumo的词源不确定。有人认为它的原意为占卜，与鸟有关。有人赞成此词源于autem（然而）。此处认为这个词的原意是“声称、重申”。实际上autumo和itero（重复做）有时是同义的。autumo含义的变化无疑受到aestumo的影响，两者有同样的词尾。

2　《伊利亚特》第1卷第459行。

3　《伊利亚特》第13卷第41行。

第 4 章

关于出身卑微的文提狄乌斯·巴苏斯（Ventidius Bassus）[1] 的故事，据记载他是首位因战胜帕提亚人（Parthus）[2] 而举行凯旋式的人。

（1）在最近的一次谈话中，一些年高而有学问的人谈到在古代，有许多原先出身非常卑微、被人极端蔑视的人物登上了最具尊荣的高位。（2）没有哪个人的事迹会像有关文提狄乌斯·巴苏斯的记载那样引起如此巨大的惊叹：（3）他是皮切诺人（Picens）[3]，

1　普布利乌斯·文提狄乌斯·巴苏斯（Publius Ventidius Bassus），罗马统帅，凯撒的门徒之一。公元前 47 年成为元老，前 46 年任保民官，前 43 年任大法官。后三巨头时期追随安东尼，曾任补任执政官。在与帕提亚人（Parthians）的战争中取得重大胜利。

2　即帕提亚帝国，亦即安息帝国（Parthia/Arsacid），是亚洲西部伊朗地区古典时期的奴隶制帝国。建于公元前 247 年，开国君主为阿尔撒息斯一世（Arsaces I）。公元 226 年被萨珊波斯代替。公元前 1 世纪初，王国势力达到鼎盛，以安息帝国知名，势力范围从幼发拉底河到印度河，阿姆河到阿拉伯海。安息帝国位于罗马帝国与汉朝中国之间的丝绸之路上，成为商贸中心，与汉朝、罗马、贵霜帝国并列为当时亚欧四大强国之一。

3　皮切诺（Picenum）是意大利中部的一个地区。

出身卑下。他的母亲和他在同盟战争（bellum socialis）[1]中被庞培·马格努斯的父亲庞培·斯特拉波（Pompeius Strabo）[2]所俘获，后者在这场战争中制服了阿斯科利人（Asculanus）[3]。不久后，当庞培·斯特拉波举行凯旋式时，这个男孩被其母亲抱在怀中，和其他人一起行进在统帅的战车前面。此后，当他长大时，他承接了国家合同，购买骡子和大车，供给中签任职行省的行政官们，以此卑贱的职业勉强维持生存。在此行业中，他开始认识盖乌斯·凯撒，并且随他前往高卢。因为他在这个行省勤勉肯干，接着在内战中积极而快速地完成了大量委托给他的差事，他不但获得了凯撒的友谊，而且藉此跻身高贵阶层；不久被任命为平民保民官，而后任大法官，在这个时期，他和马克·安东尼（Marcus Antonius）[4]一起被元老院宣布为公敌。然而，到了各方联合之后，[5]他不仅重新获得原来的地位，此后还成为大祭司和执政官。此事让罗马人难以容忍，他们还记得文提狄乌斯·巴苏斯曾经以照料骡子为生，于是在罗马街头广泛流传着这首小诗：

占卜师和内脏占卜师（haruspex）[6]统统过来！
异常的征兆近日已经出现，
洗骡子的小子当上了执政官。

（4）苏埃托尼乌斯·特兰奎卢斯（Suetonius Tranquillus）[7]

1 同盟战争（Bellum Sociale），又称意大利战争，是公元前91年至前88年在罗马和它的意大利同盟者之间发生的战争。据说30万人死于战争。罗马人赢得了战争，但是意大利人通过战争获得了罗马公民权以及其他他们所要求的权益。

2 格奈乌斯·庞培·斯特拉波（Gnaeus Pompeius Strabo，公元前135年—前87年），罗马统帅、政治家。公元前89年任执政官，期间率军在意大利北部与同盟者作战并取得胜利。他是前三巨头之一庞培的父亲。

3 阿斯科利（Asculum）是意大利中部皮切诺地区的主要城市，引发同盟战争的暴动就发生于此。

4 马克·安东尼参看本书第6卷第11章注。

5 当指后三巨头于公元前43年结成同盟。

6 内脏占卜师参看本书第9卷第4章注。

7 苏埃托尼乌斯·特兰奎卢斯参看本书第9卷第7章注。

写道，同一个文提狄乌斯·巴苏斯被马克·安东尼任命掌管东方行省，帕提亚人进攻叙利亚时，他通过三次战斗击溃了他们，成为第一位因战胜帕提亚人而举行凯旋式并且死后获得国葬的人。[1]

海神的凯旋
〔法〕尼古拉斯·普桑（1594—1665）

1　公元前40年帕提亚人入侵罗马帝国的疆域，安东尼派巴苏斯率几个军团前去东方，连续获得三次胜利。巴苏斯于公元前38年返回罗马举行凯旋式。

第 5 章

许多人笨拙不当地使用 profligo 一词。

（1）有些人出于无知和愚笨，十分荒唐地使用了许多他们一无所知者的词汇，偏离与歪曲了正确的含义和用法。同样，profligo 这个词的含义也受到了改变与歪曲。（2）的确，这个词起源变化自 affligo，意思是导致毁坏或者灭亡，而遣词用语小心谨慎者则会这样使用它，他们用 profligare 来表示“挥霍”和“毁坏”，用 profligatae res 来表示被毁坏的、被消灭的事物，而我现在听到，建筑、庙宇以及许多其他事务，在接近竣工完成时，被称为 in profligato，而事务本身，则被称为 profligata。（3）正因为如此，如苏尔皮基乌斯·阿波利纳瑞斯在一封信中所记载的，一位博学大法官对一群律师中的一位笨伯的答复极其巧妙。（4）他说："因为那位鲁莽的讼师提出要求，他如此说道：‘名声赫赫的人啊，你说你今天要审理的所有事务，由于你的勤奋和利索，都已经完成了（profligata）。余下的仅有一事，我求你听我述说。’这时，大法官很风趣地说：‘我确实不知道你所说的，我已经在审理的这些事务是否已经完成；然而毫无疑问，落在你身上的这件事，无论我听还是不听，都已经完成了（profligatum est）。”

（5）然而，那些说 profligatum 的人们所想表达的意思，使用正规拉丁文的人们使用 adfectum 而非 profligatum，例如马尔库斯·西塞罗在他所作的演说《论执政官的行省（De Provinciis Consularibus）》中。（6）他的话如下：“我们看见战争即将完成（adfectum），说确切些，战争几乎结束。”[1]（7）同样在下面：“凯撒本人究竟为何希望留在那个行省呢？除非是为了将他接近完成的（adfecta sunt）事业在大功告成之后移交给共和国？”[2]（8）同样，西塞罗在《家庭经济（Oeconomico）》[3]中写道：“当夏天确实接近结束时（adfecta），就到了葡萄在日照下成熟的时节。”

1 《论执政官的行省》第 19 节。

2 《论执政官的行省》第 29 节。

3 色诺芬有同名著作《家庭经济（οἰκονομικός）》，西塞罗将其翻译成拉丁文。

第 6 章

马尔库斯·西塞罗在《论荣誉（De Gloria）》第 2 卷里有关赫克托尔和埃阿斯（Aiax）部分中的明显错误。

（1）在马尔库斯·西塞罗《论荣誉》的第 2 卷里，有一个无关大局的明显错误，看出这个错误无需学问渊博，只要他读过荷马的第 7 卷。（2）因此，我感到吃惊的不是马尔库斯·图利乌斯会在这件事上犯错，而是他或者提罗此后都没有注意到这个错误，也没有予以纠正。后者是个极其勤奋的人，孜孜不倦于恩主的书籍。（3）书中确实如此写道："在同一个诗人的诗中，埃阿斯走向赫克托尔，准备进行搏斗，他要求并且宣布，万一他失败，他希望以如此方式埋葬，世世代代的人经过他的坟墓时，会如此说：

此处安息着一个人，生命之光早已熄灭，
很久之前，他倒在了赫克托尔的剑下；
有人会这样说。而我的荣耀永存于世。[1]"

（4）然而，由西塞罗译成拉丁文，表达上述意思的诗句，在

1 《伊利亚特》第 7 卷第 89 ~ 91 行。这些诗句实际上是赫克托尔在两军阵前提出对方派出一个人和他搏斗时所说的最后几句话。此时埃阿斯尚未应战。

荷马原作中，却并非是埃阿斯所说，也非他所要求如此埋葬，而是赫克托尔说的，是赫克托尔在尚不知道埃阿斯要出阵与他搏斗之前所提出的埋葬方式。

第 7 章

对一些老年人进行了观察，他们所度过的 63 岁，几乎都是以苦难、死亡以及一些灾难为标志的；以及与同一观察有关的、录自神圣的奥古斯都致儿子盖乌斯[1]的信件的抄文。

（1）在人类的长久记忆中，可以观察到这种情况并且得到了验证，对于几乎所有的老年人来说，生命中的 63 岁那年会伴随着危险和一些灾难，例如身患重病，或者危及性命，或者心灵痛苦。（2）因此，致力于研究这类事情和术语者，称这个时期为 κλιμακτηρικός（转折期）[2]。

（3）前天晚上，我在阅读神圣的奥古斯都写给他的孙子盖乌斯的书信集，被其文笔之优雅所吸引。这些书信并无精心雕琢，反倒极其轻松而简练。这时我在一封信里看到他提到了关于这一年龄的事。此信抄录如下：

1　盖乌斯·凯撒（Gaius Caesar，公元前 20 年—公元 4 年）和卢基乌斯·凯撒（Lucius Caesar，公元前 17 年—公元 2 年）都是阿格里帕（Agrippa）和尤利亚（Julia）的儿子、奥古斯都的外孙。两者都于公元前 17 年被奥古斯都收养，成为奥古斯都的继承人，但都在年轻时因病去世。

2　即 climacter。参看本书第 3 卷第 10 章第 9 节。

10月朔日前9日[1]。

你好，我的盖乌斯，我最可爱的小驴，信用之神作证，你不在身边时，我总会想念你。然而在今天这样的日子里尤其如此，我的双眼在寻找我的盖乌斯，无论你今天在哪里，我都希望你已经祝福我的64岁生日[2]快乐和健康。因为，如你所见，我走出了所有63岁老人共有的转折期。而我祈求天神们，无论让我再活多久，让我们平安地度过这段时间，直到国家处于繁荣昌盛的状况，而你们[3]也已经具备了男人气概，到了准备接替我的职位的时候。

1 即9月23日。古罗马人计第几天是从当天数起的。

2 奥古斯都出生于公元前63年。

3 指盖乌斯和卢基乌斯。

第 8 章

摘自古代演说家法沃里努斯[1]的演说的章节，谴责餐宴和奢侈，此演说作于他鼓吹关于减少开支的李基尼乌斯法（Lex Licinia）[2]之时。

（1）当我阅读古代的法沃里努斯、一个能言善辩之人的演说时，在其演说中……[3]，我用心记下了全部内容，以便能够回想起这种方式的开销和生活实在令人憎恶。（2）抄录如下的是法沃里努斯的话："美食和奢华之领袖们会认为餐食不够豪华，除非当你大快朵颐美味之时，撤下食物，重新布上（succenturio）[4]其他更加美味、更加丰盛之佳肴。如今在一些人们心目中，这才是宴饮的精华。对他们而言，挥霍和挑剔取代了风雅，他们说除了柳莺之外，任何其

1 抄本上写的是法沃里努斯，然而这位哲学家与李基尼乌斯法毫无关系，也称不上是古代演说家。极有可能是抄工误将别人的名字写成法沃里努斯。有研究者认为此人当指法沃尼乌斯（Favonius，公元前 90 年—前 42 年），罗马共和国衰落时期的一位政治家，三巨头的激烈反对者。

2 此处的李基尼乌斯法当与本书第 2 卷第 10 章中所提到的法律相同，与减少花费有关，发布于公元前 104 年前后。

3 此处有阙文，其内容似乎已在上面篇头中写出。

4 succenturio 这个词的原意是为百人队补充兵员。

他鸟都不应当整只吃；他们认为，一桌宴席如果不曾提供如此之多的其他鸟类和家禽，以让宾客餍足于尾后之部，即属贫乏，因而不足为观；食用鸟或家禽的前部者，在他们看来，可谓不知辨味。若是奢华继续按此比例发展，余下可做的只能是吩咐别人代替他们进餐，免得因饱食而疲惫不堪，而将几个凡人的床榻表面装饰以金、银、紫诸色，比起永生之神的床榻更加富丽堂皇？[1]”

亚里士多德像及其《诗学》封面

亚里士多德（约公元前 384 年—前 322 年），古代世界最伟大的哲学家、科学家和教育家。

1　此处似乎是指飨神之仪（lectisternium），在此仪式上，将诸神的像摆在床榻上，各种食物陈列于前，供其享用。仪式目的是抚慰神之怒气，驱除瘟疫或敌人。

第9章

诗人凯基利乌斯将 frons（脸）用作阳性，并非因为是诗，而是合乎规则、言之有据。

（1）诗人凯基利乌斯在《假冒者（Subditivus）》中贴切而顺畅地如此写道：

因为他们是最可恶的敌人，脸上欢乐（fronte hilaro），心中悲伤，

你不知道如何抓住不放，也不知道如何放他们走。

（2）当和一组有学问的年轻人讨论到某个这样的人时，我随口念了这首诗。（3）此时，在众多语法学家中不乏名气的一位也站在一旁，他说："这个凯基利乌斯真是胆大妄为，居然用了 fronte hilaro 而不是 fronte hilara[1]，对如此可怕的语法错误居然毫无顾忌。"（4）我说，"恰恰相反，应该说我们这些粗鲁而无教养的，不把 frons 用作阳性的人才胆大妄为。无论是按类推规则，即所谓的 analogia[2]，还是古人的范例，都促使我们当说 hunc frontem（这

1 fronte hilaro 是阳性夺格，而 fronte hilara 是阴性多格。

2 关于类推规则，参看本书第2卷第25章。

张脸）而非 hanc frontem[1]。”（5）因为马尔库斯·加图在《史源》第 5 卷中如此写道：“次日，进攻令发，以步兵、骑兵以及侧翼列成笔直前阵（aequo fronte），与敌人军团战斗。”同一个加图在同一卷里还说了“以直线前阵（recto fronte）”。

（6）但是这位半桶水的语法学家却说：“放下你的范例吧，我相信你真可能有这些东西，还是说说你的规则吧，这你就未必有了。”（7）因我那时的年纪所致，我对他的这番话有点不快，说：“听着，我的大师，这实际上是个虚假的规则，然而你却无法证明它是假的。（8）所有以 frons 末尾的三个字母结尾的词汇，只要它们的属格也以相同的音节结尾，都属于阳性，例如 mons、fons、pons、和 frons。”[2]（9）然而此人笑着反驳：“听着，学生，还有其他许多类似的词不属于阳性。”（10）于是大家要求他至少马上说出一个。然而此人皱着面孔，一声不吭，变了脸色，于是我出面调停，说，“现在走吧，花 30 天时间去查找一下，找到之后再来找我们。”（11）我们就这样派这个无用的人去找一个词来推翻这一虚构的规则。

1 前者为阳性宾格，后者为阴性宾格。

2 以辅音字母加 s 结尾的第三变格法的名词按规则是阴性的，例外的是 mons、fons、dens、pons；frons 是阴性的，但在此用作阳性。

第 10 章

关于米利都少女令人惊异的自杀。

（1）普鲁塔克在其名为《论灵魂（περὶ ψυχῆς）》[1] 一书的第 1 卷中讨论人的灵魂所遭遇到的疾病时谈到，当时在米利都这个城邦，几乎所有的少女忽然无明显理由地发愿自杀；接着，她们中的很多人便悬梁自尽。（2）由于这种事发生得日趋频繁，同时又没有什么药物可以用来治疗她们执意求死的心灵，于是米利都人决定，那些死于上吊的少女，都将以这种方式送去墓地，即全身赤裸、戴着自尽所用的绳套。命令发布之后，单单这种难堪的葬礼所带来的耻辱就把少女们吓坏了，她们不再谋求自杀。

1　这个故事实际上见于普鲁塔克的《论妇人之品格（De Mulierum Virtutibus）》。

第 11 章

元老院关于将哲学家们驱逐出罗马城的决议的内容（Verba）；以及监察官告示（edictum censorum）的内容，根据这一告示，那些已在罗马着手传授或者实践修辞学的人会受到拒绝与遏制。

（1）在盖乌斯·范尼乌斯·斯特拉波（C. Fannius Strabo）和马尔库斯·瓦勒里乌斯·梅萨拉（M. Valerius Messala）担任执政官的时候[1]，通过了一项关于哲学家和修辞学家的元老院决议："大法官马尔库斯·蓬波尼乌斯（M. Pomponius）征询元老院的意见，对有关哲学家和修辞学家的问题进行了一些讨论，就此事元老院作出如此决议：大法官马尔库斯·蓬波尼乌斯应当注意和考虑，以在他看来合乎共和国的利益和他的誓言的方式，不让这些人留在罗马。"

（2）此项元老院决议颁布若干年之后[2]，监察官格奈乌斯·多

1 公元前 161 年。在本书第 2 卷第 24 章中，提到了这两位执政官推出一项有关节制消费的法令，这项法令和驱逐修辞学家的决议均表达了反对所有偏离罗马固有的朴素精神的行为。

2 公元前 92 年。

米提乌斯·阿海诺巴尔布斯（Cn. Domitius Ahenobarbus）[1]和卢基乌斯·李基尼乌斯·克拉苏（L. Licinius Crassus）[2]就限制拉丁语修辞学家发布如下命令："我们接到报告，一些人正在传授某种新的学问，年轻人蜂拥而至他们的学校。这些人给自己起了个名号叫做拉丁语修辞学家，年轻人整天在那里蹉跎时光。我们的先人教导过，他们希望他们的子孙该读什么书和该进什么学校。而这些违犯先人的习惯与规则的新奇教育既令人不喜，看起来也不恰当。因此似乎有必要表明我们观点：开办这些学校的那些人，常去这些学校的那些人，均为我们所不喜。"

（3）然而，哲学家被驱出罗马城，不仅仅发生于非常野蛮、尚未受到希腊文化教化的时代。（4）即便到了图密善（Domitianus）[3]统治时期[4]，也曾凭借元老院决议将他们驱逐出境，禁止进入罗马城和意大利。（5）正是那时候，哲学家爱比克泰德（Epictetus）[5]也因为此元老院决议而离开罗马，前往尼科波利斯（Nicopolis）[6]。

1 格奈乌斯·多米提乌斯·阿海诺巴尔布斯（Gnaeus Domitius Ahenobarbus，？—公元前88年），公元前104年任保民官，前103年任大祭司长，前96年任执政官。前92年任监察官，在此期间与其同僚卢基乌斯·李基尼乌斯·克拉苏联合压制新近建立的拉丁修辞学校，认为对公众道德不利。但在多数情况下他与克拉苏意见相悖。公元前88年死于执政官任上。

2 卢基乌斯·李基尼乌斯·克拉苏（Lucius Licinius Crassus，公元前140年—前91年），即演说家克拉苏。被认为是他那个年代最伟大的演说家，西塞罗《论演说家》中的主要角色。公元前98年任大法官，前95年任执政官，前92年任监察官。

3 图密善（Caesar Domitianus Augustus，公元51年—96年），罗马皇帝（公元81年—96年在位）。他表面上主张平等，并按先例行事，但他制定严格的法律。在不列颠和日耳曼的战事相继失败，但他提高军饷使军队对他效忠。公元89年更是变本加厉，实行恐怖统治，随意惩治著名的元老院议员，没收受害人的财产来弥补帝国开支。死于暗杀。

4 公元89年上日耳曼总督卢基乌斯·安东尼乌斯·萨图尔尼努斯（Lucius Antonius Saturninus）发动叛乱之后，受惊的图密善开始迫害贵族元老以及和他们密切相关的哲学家。89年和95年的两次元老院决议下令从意大利驱逐哲学家。

5 参看本书第1卷第2章注。

6 尼科波利斯是罗马帝国原伊庇鲁斯行省（Epirus Vetus）的首府，位于现代希腊的西部。

第 12 章

格拉古关于自身节俭和质朴的演说中最值得纪念的片段。

（1）当盖乌斯·格拉古从撒丁岛（Sardinia）[1]返回时，对集会上的人民发表了演说。[2]（2）他的话如下："我管理行省，是因为我考虑对你们有利，而不是断定这有助于我实现抱负。在我住处没有盛宴，也没有容貌出色的奴隶在旁侍候，你们的孩子们在我处就餐，吃得比在百夫长（princeps）那里还要简朴。"（3）而后他说："我在行省如此行事，以至于无人能够确凿地说，我收过一个阿司或者更多的礼物，或者有任何人为我的事情花过钱。在行省的两年时间里，如果有任何娼妓走进我的屋子，或者谁的童奴因为我而受

---

1 撒丁岛（Sardinia）是地中海西部诸岛中第二大岛。腓尼基人约在公元前 800 年在这里定居，其后是希腊人和迦太基人。公元前 238 年罗马人开始统治这里，和科西嘉一起成为罗马的一个行省。公元前 126 年，盖乌斯·格拉古任撒丁岛的财务官。

2 因为撒丁岛出现严酷的寒冬，驻军将领在附近城市为士兵征集冬衣。城市派员至罗马，向元老院要求解除此额外负担，元老院下令驻军将领采取其他方法解决此问题。盖乌斯亲赴这些城市，说服他们帮助罗马军队。此外，努米底亚国王米奇普撒国王派使者至罗马，告知元老院说他们的国王出于对盖乌斯的尊敬，运送大量谷物给撒丁岛的罗马军队。此两事引起元老们反感，下令军队换防。盖乌斯收到命令后立即返回罗马，引起政敌指责，向监察官指控他擅离职守。于是他做了这番自辩的演说，得到了众人的理解。

到引诱，那你们就把我看成全世界最糟糕、最无可救药的人吧。既然我对他们的奴隶都会如此洁身自好，你们可以想象我和你们的孩子一道生活会怎样。”（4）过了一会他又说：“所以，公民们，当我前来罗马时，我装满银币带过去的那些钱包，空空如也地从行省带回。而别的人，带到行省的是满盛的酒瓮，带回家的是满瓮的金银。”

第 13 章

关于一些异常的词汇，它们表达两种含义，语法家们称之为“共用词”。

（1）utor、vereor、hortor 和 consolor 是共用词（communia），可以表达两种含义：vereor te（我尊敬你）和 vereor abs te（我受你尊敬），即“你尊敬我”；utor te（我使用你）和 utor abs te（我为你使用），即“你使用我”；hortor te（我鼓励你）和 hortor abs te（我受你鼓励），即“你鼓励我”；consolor te（我劝慰你）和consolor abs te(我被你劝慰),即“你劝慰我”;还有testor(作证)和 interpretor（解说）都被用来表示相反的意思。（2）然而所有这些词的第二义都是不常见的，人们常常会探究所表达的是否此义。

（3）阿弗拉尼乌斯在《堂兄弟（Consobrinus）》中写道：

瞧！孩子们心中父亲的性命不大值钱，
他们宁愿怕他，也不会敬他（vereri se ab suis）。

这个 vereri 表达不常用的那一义。（4）诺维乌斯（Novius）[1]

1　昆图斯·诺维乌斯(Quintus Novius，活跃于公元前30年)，罗马阿特拉剧(Atellania)作家。

在《木匠（Lignarius）》中，用了 utitur 这个词的相反含义：

因为许多家具买下来却没被使用（quae non utitur）。

意即“它没有用处”。（5）马尔库斯·加图在《史源》第 5 卷说：“待他的队伍用过早餐、准备就绪、得到鼓舞（cohortatum），他带领他们出动，摆开阵势。”（6）consolor 除了通常的用法之外，我们发现在昆图斯·梅特卢斯（Quintus Metellus）[1] 于流放期间写给格奈乌斯（Gnaeus）和卢基乌斯·多米提乌斯（Lucius Domitius）[2] 的信中，也被用作第二义。他说：“可是，当我看见你对我的心意，就得到了极大的宽慰（vehementer consolor），你的忠诚和勇气在我眼前显现。”（7）马尔库斯·西塞罗在《论预言》第 1 卷中按同样的方式使用了 testata 和 interpretata，[3] 以致于 testor 和 interpretor 也应该被视为共用词。（8）撒路斯特也以这种方式说了“被放逐者的财物都被送人了（dilargitis）”，好像 largior 一词也是共用词的一种。

（9）我们看到，veritum 就像 puditum 和 pigitum 一样，以其非人称与不限定的形式[4]，不仅为古人所使用，也被马尔库斯·图利乌斯应用于其《论界限（De Finibus）》的第 2 卷。他说：“首先是阿里斯提普斯（Aristippus）[5] 和所有库勒尼学派哲学家（Cyrenaicus）们的观点，他们不惧怕（non est veritum）将引起感官最高喜悦的那种享乐列为至善。”[6]

1　参看本书第 1 卷第 6 章注。梅特卢斯流放一事发生于公元前 100 年，参看本书第 13 卷第 29 章第 1 节及注。

2　当指格奈乌斯·多米提乌斯·阿海诺巴尔布斯和卢基乌斯·多米提乌斯·阿海诺巴尔布斯（Lucius Domitius Ahenobarbus）兄弟。前者参看本书第 15 卷第 11 章注。后者曾任执政官，他属于苏拉派，于前 82 年死于马略的平民派的屠杀。

3　《论预言》第 1 卷第 40 章第 87 节；第 1 卷第 25 章第 53 节。

4　即无特定的人或物充当其主语。

5　即库勒尼的阿里斯提普斯（Aristippus of Cyrene，希腊文名 Ἀρίστιππος ὁ Κυρηναῖος，公元前 435 年—前 356 年），库勒尼哲学学派的创始人。他是苏格拉底的学生，但是哲学观点与苏格拉底大相径庭。库勒尼哲学学派比伊壁鸠鲁学派更加信奉享乐主义。

6　《论善恶之界限》第 2 卷第 39 节。

（10）dignor（堪当）、veneror（尊敬）、confiteor（承认）和 testor 也被视为共用词。维吉尔在诗中如此说：

安基塞斯（Anchises），你配得上（dignate）维纳斯高贵的婚姻，[1]

以及

得到祈告（venerata），她会保佑你一路顺风。[2]

（11）而 confessi aeris（承认债务），即承认所欠债务，则在《十二铜表法》中以这样的话表述："给予被承认的债务（confessi aeris）以及法庭判决的案子 30 天的宽限。"[3] 同样在此表中还有这一条："任何同意出庭作证或者被委以司秤（libripens）之责者[4]，若不提供证词，应判为不诚实、不具证人资格。"[5]

1 《埃涅阿斯纪》第 3 卷第 475 行。

2 《埃涅阿斯纪》第 3 卷第 460 行。

3 《十二铜表法》第 3 表第 1 条。中译文参考徐国栋译文。

4 《盖尤斯法学阶梯》第 1 篇第 119 条："要式买卖是一种虚拟买卖；这是罗马市民特有的法；它按照下列程序进行：使用不少于 5 人的成年罗马市民作证人，另外有一名具有同样身份的人手持一把铜秤，他被称为司秤。买受人手持铜块说：'我根据罗马法说此人是我的，我用这块铜和这把铜秤将他买下。'然后，他用铜敲秤，将铜块交给出卖人，好似支付价金。"黄风中译本。参看本书第 5 卷第 19 章第 3 节及其注。

5 《十二铜表法》第 8 表第 22 条。

第 14 章

梅特卢斯·努米底库斯从希腊修辞中借用了新的修辞形式。

（1）我在昆图斯·梅特卢斯·努米底库斯《控瓦勒里乌斯·梅萨拉（In Valerium Messalam）》的第 3 卷中发现一个新奇的措辞。演说中的话如下：（2）“当他知道自己受到如此严重的控告，而盟友们前往元老院，痛哭流涕地控诉被他勒索了巨额钱财（pecunias maximas exactos esse）时。”（3）他用“sese pecunias maximas exactos esse（他们被勒索了巨额钱财）”来代替“pecunias a se esse maximas exactas（巨额钱财从他们身上被勒索走）”。

（4）这在我们看来是按希腊语的形式写的，因为希腊人如此说：εἰσεπράξατό με ἀργύριον，其意为“他勒索我的钱（exegit me pecuniam）”。如果可以这么说，那么也可以说“某人被勒索了钱（exactus esse aliqui pecuniam）”。（5）凯基利乌斯似乎在其《假冒的埃斯奇奈斯（Hypobolimaeus Aeschines）》中使用了同样的形式：

ego illud minus nihilo exigor portorium,

我还是被强夺了这笔税，

意思是“税捐仍然从我身上刮走了”。

第 15 章

古人说 passis velis（张开帷幕）和 passis manibus（伸开双手），并非来自其所属的动词 patior，而是与其无关的 pando。

（1）从 pando 这个词，古人变化出 passum，而非 pansum，加上前置词 ex 之后，成了 expassum，而非 expansum。（2）凯基利乌斯在《共进早餐的女人（Synaristosae）》[1] 中写道：

昨天他确实从屋顶窥探，他宣布了此事，

屋子里面新娘的红面纱 [2] 被掀开了（expassum）。

（3）说妇人头发 capillo passo（头发散开），类似于说头发展开、铺开；而我们说 passis manibus 和 velis passis，意思是分开和伸开。（4）因而普劳图斯在《吹牛的军人（Miles Glorioso）》中，以复合词的规则，将字母 a 变为 e，[3] 用 dispessis 来代替 dispassis：

1　米南德写有同名喜剧。

2　即火焰色的新娘面纱。

3　参看本书第 4 卷第 17 章第 8 节。a 在两个辅音前变成 e，在一个辅音（除 r 以外）前变成 i。

我想你该用这个姿势走去城门外，
伸开双手（dispessis），你会得到一根叉形轭。[1]

圣母订婚
〔意大利〕拉斐尔（1483—1520）

1 《吹牛的军人（Miles Glorioso）》第 359 行。据王焕生注："这是罗马埃斯克维利纳城门（porta Esquilina）外处死奴隶的通常方式。被处死的奴隶的头被套进横木的特制孔里，双手被缚在横木两端。"

第 16 章

关于科罗敦的米罗（Milo Crotoniensis）[1] 的奇特死亡。[2]

（1）科罗敦的米罗是杰出的竞技者。据编年史记载，他于第62届奥林匹亚赛会[3]上首次获得花环，他的生命的结局惊人而可悲。（2）他年纪增长后，不再从事竞技，有一次偶然独自在意大利的森林地区旅行，看见紧挨道路有一棵橡树，中间有些豁开的宽缝。（3）此时，我猜想，他想要试试自己是否还有剩余的力量，就将手指插入树缝，力图把树撕扯掰开。他真的把树的中间部位扯裂分开了。（4）然而，当橡树被一分两半之后，竭尽全力的他觉得大功已经告成，松开了手。随着外力消失，橡树回复到天然形态，反过来把他的手扣住不放，牢固而不可分，让此人成了野兽的爪下之物。

1　科罗敦的米罗（Milo Crotoniensis）是公元前 6 世纪来自意大利南部科罗敦的一个摔跤手，曾在古希腊的许多最重要的运动会上获得多次胜利。

2　同样的故事也见于斯特拉波《地理学》第 6 卷第 1 章第 12 节。

3　公元前 532 年。

第 17 章

为何雅典的贵族少年不再练习吹笛子，虽则他们拥有吹奏笛子的祖传习俗。

（1）雅典的亚西比德（Alcibiades）[1]少年时在他舅舅伯里克利（Pericles）[2]家学习艺术和文学诸科学问，伯里克利吩咐请吹笛人安提盖尼达斯（Antigenidas）[3]来教他吹奏笛子，那时，吹笛被视为高雅之举。当别人把笛子递给他，他将笛子靠近嘴边，鼓嘴吹气时，对嘴形的丑陋感到羞耻，于是扔下笛子，将其弄断。（2）此事传开之后，在全部雅典人的认可之下，吹笛的学习停止了。（3）此事记载于潘菲拉（Pamphila）[4]的《笔记（Commentarius）》的第 29 卷中。

1 亚西比德参看本书第 1 卷第 9 章注。《希腊罗马名人传·亚西比德》第 1 章第 2 节也记载了这个故事。

2 伯里克利参看本书第 1 卷第 3 章注。

3 安提盖尼达斯是来自底比斯的笛子演奏家和作曲家。生活于公元前 5 世纪与前 4 世纪之交，比亚西比德晚，所以不可能成为亚西比德的老师。

4 即埃皮道罗斯的潘菲拉（Pamphila，希腊文名：Παμφίλη ἡ Ἐπιδαυρία，活跃于公元 1 世纪），尼禄时期的女历史学家。她的主要著作是 35 卷的希腊历史《历史笔记（Historical Commentaries）》。

第 18 章

内战中的一次战役以及盖乌斯·凯撒的胜利，他于法萨卢斯（Pharsalus）[1] 平原获得了这次胜利，同一天在意大利的帕塔维乌姆（Patavium）[2]，一位祭司的预言宣布了此事。[3]

（1）内战期间，盖乌斯·凯撒和格奈乌斯·庞培于色萨利进行激战的那一天，发生于意大利的波河左岸帕塔维乌姆的一件事值得记载。（2）一位祭司科尔内利乌斯（Cornelius），出身高贵、因谨守神职而受人尊敬，因生活纯朴而获人爱戴。他突然心神震动，说看见远方一场最为激烈的战斗正在进行。而后，仿佛他本人身处战场亲眼所见，大声喊叫：一方后退了，另一方压上了，杀戮，逃跑，长矛在飞翔；又一轮进攻，冲锋，呻吟，受伤；接着，他突然大叫凯撒获胜了。（3）祭司科尔内利乌斯的预言在当时看来确实凭空乱说、神经错乱，随后引起了一大片惊叹，因为，不仅是在色

1　法萨卢斯是希腊东北部色萨利一古城，公元前 48 年，凯撒于此决定性地打败了庞培。

2　帕塔维乌姆即今帕多瓦，意大利北部城市。公元前 302 年首见记载，为罗马的一个繁荣城市。

3　《希腊罗马名人传·凯撒》第 2 章第 47 节也记载了这个故事。

萨利进行的交战的日期，以及所预测的战斗结局都合乎实际，而且战事中所有的局面变换、双方队伍的搏斗实况，都被预言者用动作和语言呈现了出来。

凯撒之死

〔法〕让－莱昂·杰罗姆（1852—1929）

第 19 章

马尔库斯·瓦罗在题为《论菜肴（περὶ ’εδεσμάτων）》的讽刺诗中的话值得记录。

（1）马尔库斯·瓦罗在题为《论菜肴》的讽刺诗中的所说的话适合于不少人。（2）他的话如下：“若是你将用来让你的面包师做出好面包的努力中的十二分之一用于哲学，你自己早就成为好人了。如今，识他者愿意出 10 万阿司（as）[1] 来购他，识你者无人愿出 100 阿司。”

1 阿司是古罗马青铜币。

第 20 章

记录了有关诗人欧里庇得斯的出身、生平和性格；以及关于他生命的终结。

（1）泰奥彭波斯（Theopompus）[1]说欧里庇得斯的母亲靠出售农田蔬菜谋生。（2）关于这个儿子，星占家对他父亲的答复则是此孩童长大之后，将会成为竞赛的胜者，这是他命中注定的。（3）父亲推想他的儿子应当成为一个竞技者，于是训练其身体，强壮其体魄，带他去奥林匹亚和其他少年竞技者竞赛。一开始因为年龄不明[2]被拒绝参赛，后来参加艾留西斯（Eleusis）[3]和忒修斯（Theseus）[4]的竞赛，并赢获花环。（4）不久之后，他从训练身体转向丰富心智的学习，成了自然哲学家阿那克萨戈拉斯（Anaxagoras）[5]、

1　泰奥彭波斯参看本书第 10 卷第 18 章注。

2　即已经超过参加少年比赛的年龄。

3　与艾留西斯秘仪有关的运动会。参看本书第 11 卷第 6 章注。

4　每年秋天于皮亚诺普希翁月（Pyanepsion）在雅典举行的纪念忒修斯的节庆。

5　阿那克萨戈拉斯（Anaxagoras，希腊文名：Ἀναξαγόρας，公元前 510 年—前 428 年），是最早定居雅典的哲学家。与伯里克利是师友关系。伯里克利的政敌控告他亵渎神灵，于是他从雅典逃到兰普萨库斯（Lampsacus），在那里创建了哲学学校。

修辞家普罗狄科斯（Prodicus）[1]、以及伦理哲学方面苏格拉底的弟子。18岁那年开始写一个悲剧。（5）腓罗克鲁斯（Philochorus）[2]提到萨拉米斯岛(Salamis)[3]上有一个丑陋可怖的洞穴，我见过此洞，欧里庇得斯曾在此洞中写作悲剧。

（6）据说他憎恨几乎所有的女人，或是因为天性厌恶亲近女人，或是因为同时拥有两个妻子（按雅典人所制定的法令这是合法的），[4]他厌倦了与她们的婚姻。（7）阿里斯托芬在其《地母节妇女（Θεσμοφοριάζουσαι）》第一版[5]中用下列诗句提到了他对女人的憎恶：

我现在劝大家，请大家
根据许多理由惩罚此人；
诸位女士，这家伙曾经对我们犯下
野蛮的罪行，因为他是吃野菜长大的。[6]

（8）而埃托利亚的亚历山大（Alexander Aetolus）[7]写了这些有关欧里庇得斯的诗：

高尚的阿那克萨戈拉斯的弟子，说话生硬，
一本正经，手举酒杯也不懂喝得开心，

1 即凯奥斯的普罗狄科斯（Prodicus of Ceos，希腊文名：Πρόδικος ὁ Κεῖος，公元前465年—前395年），第一代的希腊诡辩家，苏格拉底的同时代人。他作为使节来到雅典，而后以演说家和教师闻名。

2 腓罗克鲁斯参看本书第3卷第11章注。

3 萨拉米斯岛（Salamis），位于希腊雅典西面、爱琴海萨罗尼克（Saronic）湾内的一个岛屿。

4 雅典人的法律从未许可重婚。革利乌斯是唯一说欧里庇得斯重婚的人。但是他确实先后有过两个妻子。

5 《地母节妇女》还有第二个版本，但是只有片段保留下来。

6 《地母节妇女》第453～456行。中译文据罗念生。

7 埃托利亚的亚历山大（Alexander Aetolus，希腊文名：Ἀλέξανδρος ὁ Αἰτωλός，约公元前315年—？），古希腊诗人和语法学家，尤以悲剧闻名。

可他写的一切，却妙如蜂蜜和塞壬（Σειρήν）[1]的歌声。

（9）他在马其顿阿尔凯劳斯（Archelaus）王[2]的宫廷时，国王将他视为好友。一天夜里，与国王共进晚餐后回家时，被竞争对手所放出的狗咬得遍体鳞伤，随之因伤重而不治[3]。（10）马其顿人如此尊崇他的坟墓和有关他的记忆，以至于他们还以这般荣耀的方式宣布："欧里庇得斯，你的墓碑永不泯灭！"因为去世的杰出诗人埋葬于他们的土地上。因此之故，当雅典人派来的使节要求他们准许让骸骨迁回祖国雅典的时候，马其顿人一致坚持予以拒绝。

1　塞壬是希腊神话中的海妖，经常飞降海中礁石或船舶之上，用自己的歌喉使得过往的水手倾听失神，航船触礁沉没。

2　阿尔凯劳斯一世（Archelaus I，希腊语名 Ἀρχέλαος），公元前 413 年至前 399 年在位的马其顿国王。

3　欧里庇得斯死于公元前 406 年。另一种说法是一伙妇人将他撕成碎片。

第 21 章

据诗人们说，朱庇特的儿子们最聪明而有教养，而尼普顿的儿子们最为骄横残忍。

诗人们称朱庇特的儿子们在品格、智慧、力量方面都是最为优秀的，例如埃阿科斯（Aeacus）[1]、弥诺斯（Minos）[2]和萨耳珀冬（Sarpedon）[3]。他们说，尼普顿的那些诞生于海上的儿子们最为骄横、残忍、与任何教养无缘，例如库克罗普斯（Cyclops）[4]、凯尔库翁（Cercyon）[5]、斯奇隆（Sciron）[6]以及

1 埃阿科斯，参看第 10 卷第 16 章注。

2 弥诺斯，参看本书第 7 卷第 6 章注。

3 萨耳珀冬，宙斯与欧罗巴之子，后成为吕奇亚国王，在特洛伊战争中被帕特洛克罗斯（Patroclus）所杀。

4 库克罗普斯（Cyclops）是希腊神话中几个独眼巨人中的任何一个。在《奥德赛》中，他们是吃人的牧人，波塞冬（Poseidon，即尼普顿在希腊神话中的对应神）的儿子，住在边远地区。而赫西俄德说他们是乌拉诺斯（Uranus）和盖亚的儿子，是为宙斯锻造雷霆的工匠。

5 凯尔库翁（Cercyon）是波塞冬的儿子，厄琉西斯的国王。他站在厄琉西斯周边的路上，向过路人挑战，输者被杀死，胜者可得到他的王国。最终他被忒修斯杀死。

6 斯奇隆（Sciron）是波塞冬的儿子，住在科林斯地峡萨罗尼克海岸边的一个山洞里，他强迫过路人为他洗脚，然后乘其不备一脚踢进大海让一头巨大的海龟吃掉。忒修斯以同样的方法将他踢入大海。

莱斯特吕戈奈斯（Laestrygones）[1]。

酒　宴

〔德〕安塞姆·弗雷德里克·费尔巴哈（1829—1880）

1　莱斯特吕戈奈斯（Laestrygones）是希腊神话中的食人巨人部落。《奥德赛》中，奥德赛归家途中，这些巨人吃掉了他的许多部属，毁掉了12艘船中的11艘，仅有奥德赛那艘船脱险。

第 22 章

关于杰出统帅塞尔多利乌斯（Sertorius）[1] 的故事，以及关于他的机智和他所设计的方法，他借此法来控制和笼络蛮族士兵。

（1）塞尔多利乌斯是一个勇敢而杰出的统帅，擅长于使用和管理军队。（2）在最为困难的时候，若是谎话有效的话，他就会欺骗士兵；他会读假信来代替真信，会虚构梦境，或者诉诸虚假的神示，只要任何这类做法有助于他保持士兵的士气。（3）塞尔多利乌斯的这件事非常有名：（4）有人从卢西塔尼亚送给他一头异常漂亮、速度迅捷的白色母鹿作为礼物。（5）他开始说服大家，此物是出于神意送来的，受狄安娜（Diana）[2] 的意旨的启示来与他交谈，提示与点拨何事行之有利。而且，如果必须下达给士兵的命令看起来比较困难，他就宣布是受母鹿指点。如此说了，大家就会视作神之旨意甘心服从。（6）有一天，接到报信说敌人进攻，匆忙惊恐之下母鹿夺路而逃，躲藏在近处的沼泽中，此后遍寻无着，

1　即昆图斯·塞尔多利乌斯，参看本书第 10 卷第 26 章注与《希腊罗马名人传·塞尔多利乌斯》。

2　狄安娜是朱庇特的女儿，阿波罗的姐妹，最初是月神，后来成为猎神，司掌自然、野兽与狩猎。对应于希腊女神阿尔特弥斯。

相信已死亡。（7）不多天之后，塞尔多利乌斯接到消息说母鹿已经找到。（8）于是，他命令报信者守口如瓶，威胁他不得告知他人，命令他次日在塞尔多利乌斯本人与同伴们所在的地方突然把母鹿放出。次日，让同伴们进来后，他说自己在梦中看见丢失的母鹿要回到他身边来，并且，按以前的习惯，告知他应该做的事情。（9）而后，他示意那个奴隶按照命令放开母鹿，母鹿闯入塞尔多利乌斯的房间，引起一片叫喊与惊讶。

蛮族人的轻信在一些重大事情上对塞尔多利乌斯很有用处。（10）据记载，来自于塞尔多利乌斯站在一边的那些部族的人，当他多次战败时，从未有人弃他而去，尽管这个民族是最反复无常的。

奴隶拍卖
〔法〕让－莱昂·杰罗姆（1852—1929）

第 23 章

关于著名历史学家的年纪，赫拉尼库斯（Hellanicus）[1]、希罗多德（Herodotus）和修昔底德（Thucydides）。

（1）历史作家赫拉尼库斯（Hellanicus）、希罗多德（Herodotus）[2]和修昔底德（Thucydides）[3]几乎在同一个时期声名卓著、荣耀无比，他们的年纪相差不是很大。（2）因为，伯罗奔尼撒战争[4]开始时，赫拉尼库斯的年纪似乎是 65 岁，希罗多德是 53 岁，修昔底德是 40 岁。这件事记载在潘菲拉著作的第 11 卷中。

1 即累斯博斯的赫拉尼科库斯（Hellanicus of Lesbos，希腊文名：Ἑλλάνικος ὁ Λέσβιος，公元前 490 年—前 405 年）。古希腊编年史家之一。他的作品题材广泛，著述颇丰，其中已知篇名 24 部及诸多残篇。他的作品包括史诗英雄的谱系、诸多地区的方志、第一部雅典史等。

2 希罗多德出生于公元前 484 年，参看本书第 3 卷第 10 章注。

3 修昔底德出生于公元前 460 年，参看本书第 1 卷第 11 章注。

4 公元前 431 年。

第 24 章

乌尔卡奇乌斯·塞狄基图斯（Vulcacius Sedigitus）[1] 在其所撰的《论诗人（de Poetis）》一书中对拉丁喜剧作家的评价。

塞狄吉图斯在其所撰的《论诗人》一书中，用如下诗行表述了他对喜剧创作者的看法、他认为谁在所有人当中首屈一指，并且依次排出了每个人的排名和荣誉：

我知道这件事会带来歧见纷纷，
把棕榈枝献给哪个喜剧诗人？
我愿做出判断为你拨开迷云，
谁若是有意见一定是脑子不灵。
棕榈枝属于凯基利乌斯·斯塔提乌斯，
普劳图斯远胜他人位居其次，
奈维乌斯（Naevius）[2] 热情澎湃名列第三，
第四名该归属那李基尼乌斯 [3]，

---

1 乌尔卡奇乌斯·塞狄基图斯即乌尔卡提乌斯·塞狄基图斯（Volcatius Sedigitus），罗马文学批评家，活跃于公元前 100 年前后。

2 奈维乌斯，参看本书第 1 卷第 24 章注。

3 即李基尼乌斯·因布莱克斯。参看本书第 13 卷第 23 章注。

我放上阿提利乌斯（Atilius）[1]紧随其后，

第六名追上来的是泰伦提乌斯（Terentius）[2]，

图尔皮利乌斯（Turpilius）[3]和特拉贝阿（Trabea）[4]占了第七、八名，

第九名不用说我给了鲁斯基乌斯（Luscius）[5]，

恩尼乌斯[6]诗存古风所以跻身前十。

1 马尔库斯·阿提利乌斯（Marcus Atilius），公元前2世纪的一位喜剧诗人。

2 普利乌斯·泰伦提乌斯·阿佛尔，参看本书第4卷第9章注。

3 即塞克斯图斯·图尔皮利乌斯（Sextus Turpilius，？—公元前103年）是喜剧诗人。

4 特拉贝阿可能是凯基利乌斯的同时代人。

5 拉维尼乌斯·鲁斯基乌斯（Lavinius Luscius），喜剧诗人，泰伦提乌斯的同时代人。

6 恩尼乌斯的主要成就在悲剧方面。

第25章

关于我们在格奈乌斯·马提乌斯（Gnaeus Matius）[1] 的抑扬格拟剧（mimiambi）中看到的一些新词汇。

（1）博学的格奈乌斯·马提乌斯在其抑扬格拟剧中既不荒谬、又不突兀地生造了 recentatur（使复原）[2] 一词，来表示希腊人所说的 ἀναιεοῦται，意思是"获得重生、恢复元气"。这个词出现的诗句如下：

最后佛伊布斯（Phoebus）[3] 终于渐渐发白，重新发出（recentatur）
给人类带来喜悦的普照之光。

（2）同一个马提乌斯在同一部抑扬格拟剧的下列诗中用了 edulcare[4] 一词，意思是"使快乐"：

所以说宜当让生活变得快乐（edulcare），
用智慧来引导苦涩的烦恼。

1　参看本书第 7 卷第 6 章注。

2　recentatur 一词是在 recens（新鲜的）基础上生造的。

3　佛伊布斯是光之神阿波罗的别号。

4　edulcare 一词来自 dulcis（甜的）。

第 26 章

哲学家亚里士多德用什么话来定义三段论；他的定义的拉丁语译文。

（1）亚里士多德用这些话定义了何谓三段论：“一种论证，在其中，一些前提被设定，一个与所设定前提不同的命题必然会随着所设定前提出现。”[1]（2）对他的定义的如此翻译似乎不无恰当：“三段论是这样一种论证，在其中某些命题得到了赞同和认可，而在被认可的命题之外的某命题，必然通过那些被认可的命题得以产生。”

1 《论题篇（Topic）》100a，25。

第 27 章

什么是 comitia calata，什么是 curiata，以及 centuriata、tributa、concilium 等等；以及诸如此类的事情。

（1）在莱利乌斯·费利克斯（Laelius Felix）[1]的《致昆图斯·穆吉乌斯信札（Ad Q. Mucium）》第 1 卷中提到，拉贝奥写道，“卡拉塔大会（comitia calata）[2]是以大祭司团的名义举行的，目的是任命王（Rex）[3]或者祭司”。（2）其他的这类集会还有库里亚大会（comitia curiata）和百人队大会（comitia centuriata）；库里亚大会由库里亚扈从（lictor）来 calari，意思是“召集”，而百人队大会则是由吹号手来召集。

（3）在我们前述的这些被称为卡拉塔的大会上，通常进行宣布放弃家祭（detestatio）[4]或者制立遗嘱事宜。我们得知有三种

1 莱利乌斯·费利克斯是罗马法学家，生卒不详。

2 卡拉塔大会（comitia calata），字面意思是被召集的民众大会。

3 即圣事祭司，参看本书第 10 卷第 21 章注。

4 sacrorum detestatio 是正式放弃一个家庭及其祭祀，这在收养嗣子，尤其是收养已从父权（patria potestas）下获得独立的嗣子时是必要的程序。

遗嘱：一、在人民集会（populi contio）[1]当中的卡拉塔大会上立下的；二、在战场上，人们听到号令入阵作战前立下的；三、通过家产的转让，为此用到了铜币和天平。[2]

（4）在莱利乌斯·费利克斯的同一卷书中如此写道："某人号令一部分人而非全体人民参加的会议，应当宣布为一次会议（concilium），而不是民众大会（comitium）。再则保民官们从来不召集贵族，也不可以向他们呈报任何问题。故而由平民保民官提议而得到通过的议案，被准确地称为'民众法令(plebisscitum)'，而不是'法律'。早先，贵族们不受这些提案（rogatio）[3]的约束，直到独裁官昆图斯·霍尔滕西乌斯（Q.Hortensius）[4]制定法令，规定全体罗马公民受到平民制定的法令的约束。"（5）在同一卷书中还写道："当表决基于人们的族系进行时，所召开的就是库里亚大会（comitia curiata）[5]；当表决基于财产登记（census）和年龄时，是百人队大会[6]；当表决基于地区和住处时，是部落大会。[7]"

1 集会参看本书第13卷第16章注。

2 参看本书第15卷第13章第11节及注。关于遗嘱的形式，请参看《盖尤斯法学阶梯》第2篇第101～105条。

3 关于这些术语，请参看本书第10卷第20章。

4 昆图斯·霍尔滕西乌斯（Quintus Hortensius）公元前287年以平民身份被任命为独裁官。此前一年，平民受到贵族债主的逼迫，退到亚尼库隆（Janiculum），他受托停止冲突。他制定了霍尔滕西乌斯法（Lex Hortensia），规定平民大会的决议对全体公民有约束力，而无需元老院的批准。他在任职期间去世。

5 罗马人最初被分成30个库里亚（curiae），三个原始部落各10个。他们是政治军事组织的基础，人们在自己的库里亚中投票。后来只有一种纯属形式的权利，就是把最高行政权委托给百人团选出高级官吏。此外，库里亚大会还决定公民接受养子的问题。

6 百人队以人们的年龄和财产值为基准，最初是一种组织军事武装的方法，穷人仅有少量票数，大部分权利掌握在富有者手中。百人队大会一度是军事大会，决定战与和，所以地点位于罗马马尔斯广场。只有拥有最高统帅权的官员才能召集百人队大会。它还选举高级行政官员；在刑事案件中行使死刑上述法庭的职能。共和国的早期，是主要的司法和立法机构，但其功能后来逐渐削弱。

7 部落大会在罗马广场举行，投票者分成35个部落。可由执政官、大法官或者保民官召集。负责选举低级官吏，行使上诉法庭职能，但是不包括死刑案件。部落大会也是立法机构，就主持官员提交的法案进行表决。

而百人队大会在城界（pomerium）之内举行是渎神之举，因为军队应当在城外召集，在城内召集军队不合于法。因此百人队大会通常在马尔斯广场（Campus Martius）[1]举行，因为民众忙于举行选举，所以出于警戒的目的军队被召集起来。

羊的崇拜（根特祭坛画之一）
〔荷兰〕扬·凡·艾克（1395—1441）

1 马尔斯广场在城界之外。

第 28 章

科尔内利乌斯·奈波斯（Cornelius Nepos）[1] 写道，西塞罗于23 岁时为塞克斯图斯·罗斯基乌斯（Sextus Roscius）[2] 辩护，这是错误的。

（1）科尔内利乌斯·奈波斯严谨于史事，而且是马尔库斯·西塞罗的一个最为亲密的朋友。（2）然而他在所撰的有关西塞罗生平的书的第一卷中，似乎犯了错误。他写道，西塞罗在 23 岁时第一次在公开审判中出庭，为被控弑父的塞克图斯·罗斯基乌斯进行辩护。（3）显然，从昆图斯·凯皮奥（Q.Caepio）[3] 和昆图斯·塞尔拉努斯（Q.Serranus）[4] 的执政官年开始计算——西塞罗出生于他们在任期间的 1 月诺奈日（Nonae）[5] 之前 3 天，到马尔库斯·图

1 科尔内利乌斯·奈波斯，参看本书第 6 卷第 18 章注。

2 塞克斯图斯·罗斯基乌斯（Sextus Roscius）是一个罗马共和国后期的一位农民，他因弑父的罪名受到审判。年轻的西塞罗为他进行了成功的辩护。

3 昆图斯·塞尔维利乌斯·凯皮奥，参看本书第 3 卷第 9 章注。

4 似当为盖乌斯·阿提利乌斯·塞尔拉努斯（Gaius Atilius Serranus，公元前 145 年—前 87 年），罗马元老，公元前 106 年的执政官。

5 罗马历中三、五、七、十月的第七天或其他月份的第五天。此处指公元前 106 年 1 月 3 日。

利乌斯[1]和格奈乌斯·多拉贝拉（Cn.Dolabella）[2]的执政官年——西塞罗于他们的任职期间在法官阿奎利乌斯·伽卢斯（Aquilius Gallus）[3]面前为昆克提乌斯（Quinctius）作了一次私人案件的辩护，得出结果是26年。无疑，替昆克提乌斯辩护的次年，他为被控弑父的塞克图斯·罗斯基乌斯辩护时的年纪是27岁，即卢基乌斯·苏拉·费利克斯第二（L.Sulla Felix II）[4]和昆图斯·梅特卢斯·皮乌斯（Q.Metellus Pius）[5]任执政官期间。

（4）佩狄安努斯·阿斯科尼乌斯（Pedianus Asconius）[6]注意到在这件事上菲奈斯泰拉（Fenestella）[7]也犯了错，后者记载西塞罗在26岁时为塞克图斯·罗斯基乌斯辩护。（5）奈波斯比菲奈斯泰拉错得更多，除非有人愿意相信奈波斯出于热爱和友谊，热心所致，将他的年龄减掉四岁来增添对他的赞赏，显得马尔库斯·西塞罗是在很年轻的时候发表《为罗斯基乌斯辩护》这样一篇才华洋溢的演说。

（6）两位演说家的崇拜者们甚至注意到并且记录了这样一件事：德摩斯梯尼和西塞罗在相同的年龄发表了最为出色的辩护演说，前者是27岁时的《控安德罗提翁（κατὰ Ἀνδροτίωνος）》和《反

1 马尔库斯·图利乌斯·戴库拉（Marcus Tullius Decula），公元前81年的执政官。因为当时苏拉任独裁官，掌握了所有大权，所以执政官只是名义上的职位。

2 格奈乌斯·科尔内利乌斯·多拉贝拉（Gnaeus Cornelius Dolabella），公元前89年任军团将官，前83年在苏拉麾下指挥一支舰队，前81年任执政官，前80年任马其顿总督。前77年因为战胜色雷斯人获得凯旋式。后受到凯撒控告，但获无罪。

3 盖乌斯·阿奎利乌斯·伽卢斯（C. Aquilius Gallus）是一名高水平的法官。他是大祭司长昆图斯·穆吉乌斯·斯凯沃拉的学生。西塞罗曾多次赞美他。

4 第二是指苏拉的第二次任执政官。

5 即昆图斯·凯基利乌斯·梅特卢斯·皮乌斯，参看本书第9卷第1章注。

6 昆图斯·佩狄安努斯·阿斯科尼乌斯（Quintus Pedianus Asconius，公元前9年—公元76年），罗马历史学家。

7 菲奈斯泰拉（Fenestella，公元前52年—公元19年？）是一位罗马历史学家和博物家。活跃于提比略年代。著有一部《编年史》，为普林尼、佩狄安努斯、诺尼乌斯（Nonius Marcellus）等人所频繁采用。

提摩克拉泰斯（κατὰ Τιμοκράτους）》[1]，后者是小 1 岁时的《为普布利乌斯·昆克提乌斯辩护（Pro P.Quinctio）》和 27 岁时的《为塞克图斯·罗斯基乌斯辩护（Pro Sex.Roscio）》。（7）他们活的岁数也相差不大，西塞罗活了 63 岁，德摩斯梯尼 60 岁。

1　德摩斯梯尼生于公元前 381/380 年。《控安德罗提翁（κατὰ Ἀνδροτίωνος）》作于前 355 年，《反提摩克拉泰斯（κατὰ Τιμοκράτους）》作于前 352 年。

第 29 章

编年史家卢西乌斯·皮索采用了何种新颖的修辞形式。

（1）在谈话中常用到这两种司空见惯的表达方式："mihi nomen est Julius（我的名字是尤利乌斯）"和"mihi nomen est Julio"。（2）我确确实实在皮索的《编年史（Annales）》第 2 卷中发现了第三种的新形式。皮索的话如下："他们害怕他的同僚卢基乌斯·塔克文（L.Tarquinius）[1]，因为他有个塔克文的名字（quia Tarquinio nomine esset）；他请求他自动离开罗马。"[2]他说："因为他有个塔克文的名字。"这就仿佛我说："mihi nomen est Julium（我有个尤利乌斯的名字）。"

1　即卢基乌斯·塔克文·科尔拉提努斯（Lucius Tarquinius Collatinus），他是公元前 509 年罗马人推翻最后一位国王卢基乌斯·塔克文·苏帕尔布斯国王（Lucius Tarquinius Superbus）之后选出的最早的两位执政官之一，另一位是起义的领袖卢基乌斯·尤尼乌斯·布鲁图斯（Lucius Junius Brutus）。民众出于王制复辟的担忧，无法接受现任首脑的名字也叫塔克文（事实上他只是前国王的远亲），科尔拉提努斯被迫辞职并且离开罗马。

2　有关这件事，李维《罗马史》第 2 卷第 2 章中有详细记述。

第 30 章

用来称呼马车的 petorritum（四轮马车）一词，是何种语言的词汇，希腊语还是高卢语?

（1）有些人，业已被另一种生活搞得精疲力竭、性情乖僻，晚期进入文学学习（litterarum disciplina），若是他们碰巧还生性饶舌而略有机智，就会在炫耀学识时显得极度愚蠢而无趣。（2）有个人肯定属于这种人，他最近就 petorritum 一词说了最为详尽的废话。（3）因为当他被问及，petorritum 是何种形式的马车、是何种语言的词汇时，他杜撰了与这种马车毫不相关的虚假形状；他说这是一个希腊词，解释说它的意思是“飞快的轮子”[1]；他认为 petorritum 用如 petorrotum，其中变了一个字母；（4）还争辩说这是瓦勒里乌斯·普罗布斯写的。

（5）我获得了许多卷普罗布斯的论著，从未在其中发现他如此写过，也不相信他在别处如此写过。（6）实际上 petorritum 并非一个源自希腊语的混合词，而是来自阿尔卑斯山后的原生词，因为它是一个高卢语词。（7）此词见录于马尔库斯·瓦罗的《神事

1 即用希腊语 πέτομαι（飞）加上拉丁语 rota（轮子）构成一个混合词。

记（Rerum Divinarum）》第14卷，瓦罗在谈论 petorritum 这个词的那一节，说这个词是一个高卢语词[1]。他还说，lancea（标枪）也不是拉丁语词，而是一个西班牙语词。[2]

垂死的高卢人

〔意〕米开朗基罗（1475—1564）

自帕加马古希腊原作的罗马时期大理石复制品，公元前220年，大理石材质，高93厘米，现藏于罗马卡皮托利尼博物馆。

1 作者是正确的。Petorrita 和其他一些有关马和马车的词一样，借用自高卢语。在凯尔特语、奥斯坎语以及翁布利亚语中，拉丁语中的 qu 用 p 来表示，因此 petor 或者 petora = quattuor（四）。

2 古罗马的武器及其名称许多源自西班牙。

第 31 章

当罗得岛被敌人包围时，罗得岛人的使节就名画《伊阿吕索斯（Ialysus）》[1] 给敌人的统帅德麦特利奥斯（Demetrius）[2] 带去了什么口信。

（1）德麦特利奥斯包围和进攻了具有最古老的声望的罗得岛和岛上最为风景美丽、富丽堂皇的城市。在他的时代里德麦特利奥斯是个声名显赫的统帅，因其实行围城的经验与方法以及发明攻城器械的技艺，获得了围城者（πολιορκητής）的绰号。（2）此时，在围城期间，他准备进攻并且劫掠焚毁一处为公众所建的建筑物，它们位于城墙之外，只有少量守军。（3）在此建筑物中，有著名画家普罗托盖奈斯（Protogenes）[3] 亲笔所画的那幅名满天下的《伊阿吕索斯》。因愤恨所致，德麦特利奥斯对罗得岛人的这些艺术品

1　伊阿吕索斯（Ialysus）是太阳神赫利俄斯（Helios）的孙子。他和他的兄弟林多斯（Lindos）及卡美罗斯（Cameirus）共同拥有罗得岛。三位的名字也是罗得岛上三个城邦的名字。

2　德麦特利奥斯一世（Demetrius I，希腊文名 Δημήτριος，公元前 337 年—前 283 年），绰号“围城者（πολιορκητής）”。亚历山大大帝属下的总督安提戈诺斯（Antigonus）的儿子，马其顿贵族和统帅，后成为马其顿国王（前 294 年—前 288 年）。

3　普罗托盖奈斯（Protogenes，希腊文名 Πρωτογένης，活动于公元前 4 世纪），古希腊的一名著名画家，但无任何作品保留下来。他的画以精雕细琢而闻名。

的优雅与卓越不凡怀有敌意。（4）罗得岛人遣使给德麦特利奥斯带了如下口信："该死的，出于什么理由你想要烧掉房子，毁坏这幅画？若是你打败了我们所有人，占领了这整座城，你就也可以凭借胜利完整无缺地获得这幅画；倘若你不能通过围城战胜我们，我们请求你考虑一下，别让自己蒙羞：因为你无法在战争中击败罗得岛人，只好和死去的普罗托盖奈斯开战。"（5）听了使节的这番话之后，他结束了围困，放过了这幅画和这座城市。[1]

有俄狄甫斯和艾利提克的风景
〔法〕尼古拉斯·普桑（1594—1665）

1　普鲁塔克《希腊罗马名人传·德米特利奥斯》第1章第22节记载了这件事，说普罗托盖奈斯花了七年来绘这幅画，在接近完成的时候被德麦特利奥斯所获。于是罗得岛人遣使去见德麦特利奥斯，请求不要损坏此画。后者回答自己宁愿烧毁自己父亲的画像也不会损坏这幅精心之作。

专用译名对照表

A

B

J

K

L

T

W

X

Y

Z

参考书目

1.《探寻古希腊文明》，莱斯莉·阿德金斯等著，张强译，商务印书馆 2010 年版。

2.《探寻古罗马文明》，莱斯莉·阿德金斯等著，张楠等译，商务印书馆 2008 年版。

3.《西方古典学术史》，约翰·埃德温·桑兹著，张治译，上海人民出版社 2010 年版。

4.《古罗马文学史》，王焕生著，中央编译出版社 2008 年版。

5.《罗念生全集》，罗念生著，上海人民出版社 2007 年版。

6.《荷马史诗·奥德赛》，王焕生译，人民文学出版社 1997 年版。

7.《古罗马诗选》，飞白译，花城出版社 2001 年版。

8.《古罗马戏剧选》，普劳图斯等著，杨宪益等译，人民文学出版社 2000 年版。

9.《西塞罗文集（政治学卷）》，王焕生译，中央编译出版社 2010 年版。

10.《理想国》，柏拉图著，郭斌和张竹明译，商务印书馆 2009 年版。

11.《希腊黄金时代的古代科学》，乔治·萨顿著，鲁旭东译，大象出版社 2010 年版。

12.《建城以来史·前言·卷一》，李维著，穆启乐等译，上海人民出版社 2005 年版。

13.《十二铜表法》，世界著名法典汉译丛书编委会编，法律出版社 2000 年版。

14.《罗马共和国史》，克劳斯·布林格曼著，刘智译，华东师范大学出版社 2014 年版。

15.《古代罗马史》，科瓦略夫著，王以铸译，上海书店出版社 2007 年版。

16.《卡图卢斯〈歌集〉》，卡图卢斯著，李永毅译注，中国青年出版社 2008 年版。
17.《贺拉斯诗选》，贺拉斯著，李永毅译注，中国青年出版社 2015 年版。
18.《罗马十二帝王传》，苏维托尼乌斯著，田丽娟、邹恺莉译，上海三联书店 2010 年版。
19.《罗马法与帝国的遗产》，菲利普 · 内莫著，张竝译，华东师范大学出版社 2011 年版。
20.《希腊罗马名人传》，普鲁塔克著，席代岳译，吉林出版集团责任有限公司 2009 年版。
21.《地理学》，斯特拉波著，李铁匠译，上海三联书店 2014 年版。
22.《盖尤斯法学阶梯》，盖尤斯著，黄风译，中国政法大学出版社 2008 年版。
23.《法学总论》，查士丁尼著，张企泰译，商务印书馆 2016 年版。
24.《罗马共和国政制》，安德鲁 · 林托特著，晏绍祥译，商务印书馆 2014 年版。
25.《名哲言行录》，第欧根尼 · 拉尔修著，徐开来、溥林译，广西师范大学出版社 2010 年版。
26.《世界历史上的星占学》，江晓原著，上海交通大学出版社 2014 年版。
27. The Oxford Classical Dictionary，Third Edition Revised，Edited By Simon Hornblower and Antony Spawforth Oxford University Press 2003.
28. Les Nuits attiques AULU-GELLE，Les Belles Lettres 2002（布袋）.

图书在版编目(CIP)数据

阿提卡之夜. 11-15卷 / （古罗马）奥卢斯·革利乌斯（Aulus Gellius）著；周维明等译. — 北京：中国法制出版社，2020.8
ISBN 978-7-5093-9324-6

Ⅰ. ①阿… Ⅱ. ①奥… ②周… Ⅲ. ①罗马法 — 文集
Ⅳ. ①D904.1-53

中国版本图书馆CIP数据核字（2020）第146807号

责任编辑 / 李宏伟（lhwstc@163.com） 书籍设计 / 蒋 怡（jiangyi69@126.com）

阿提卡之夜（11-15卷）
ATIKA ZHI YE（11-15 JUAN）

著者 / 〔古罗马〕奥卢斯·革利乌斯
译者 / 周维明 虞争鸣 吴挺 归伶昌
经销 / 新华书店
印刷 / 三河市紫恒印装有限公司
开本 / 880 毫米×1230 毫米 32开 印张 / 9.125 字数 / 134千
版次 / 2020年8月第1版 2020年8月第1次印刷

中国法制出版社 **出版**
书号：ISBN 978-7-5093-9324-6 定价：42.00元

北京西单横二条2号 传真：010-66031119
邮政编码：100031
网址：http://www.zgfzs.com **编辑部电话：010-66054900**
市场营销部电话：010-66033393 **邮购部电话：010-66033288**

（如有印装质量问题，请与本社印务部联系调换。电话：010-66032926）